영어표현 랭킹530
이렇게 말할 걸 그랬어

1판 1쇄 2020년 3월 1일

저 자 Mr. Sun 어학연구소
펴 낸 곳 OLD STAIRS
출판 등록 2008년 1월 10일 제313-2010-284호
이 메 일 oldstairs@daum.net

가격은 뒷면 표지 참조
ISBN 978-89-97221-83-7

PREFACE

이 책에 없는 표현은 배우지 마라

그럴싸한 영어 표현들이 너무나도 많습니다. 수많은 강의와 교재에 이런 표현들이 넘쳐납니다. 그럴싸해서 가르치기도, 배우기도 좋지만 정작 사용하기는 만만치가 않습니다. 여기에는 이런저런 이유들이 감추어져 있죠…

이 표현들은 사실 시간만 잡아먹고 영어 실력에는 별 도움이 되지 않는, 한마디로 말해 '쓸모없는' 것들입니다. 그러나 우리에게 꼭 필요한 표현들도 간혹 그 안에 숨어있습니다. 마치 모래사장에 숨어있는 진주들처럼 말이죠.

그래서…

엄격한 심사기준을 만들어 쓸모없는 표현들은 걸러내고 꼭 필요한 것들만 모아 1위부터 '랭크'를 만들었습니다. 지금부터 이 책에 실린 표현들의 심사 기준을 당신에게 설명해 드리려 합니다.

탈락!

He is a cherry picker.
그는 얌체 소비자야.

심사기준1 **Frequency**

얼마나 자주 쓸 수 있는 표현인가?

시장에 가면 체리를 바구니에 담아서 살 수 있게 해두기도 하죠. 그런데 사람들은 썩거나 짓무른 체리는 빼고 좋은 것들만 사곤 합니다. 그래서 얌체 소비자를 '체리피커'라고 하죠. 어떤가요? 여러분… 재미있나요? 하지만 우리가 살면서 과연 몇 번이나 이런 표현을 쓰게 될까요? 자주 쓰이지 않는 표현의 단점은 빈도가 낮다는 것도 있지만, 배워봐야 쓸 일이 없어 곧 잊어버리게 된다는 겁니다. 물론 이러한 표현은 랭킹에서 탈락했습니다.

탈락!

It's a has been.
이건 이제 한물갔어.

심사기준2 **Simplicity**

쉽게 배울 수 있는 표현인가?

어떤가요? 여러분은 이 표현의 구조가 쉽게 이해가 가시나요? Has been은 3인칭 현재 완료형으로 '오랜 시간 지속하였음'을 나타내는 동사입니다. 그런데 이 표현은 동사를 명사로 바꾸어 사용한 매우 특이한 관용적 표현입니다. 영어를 배울 때는 표현을 하나씩 익히는 동시에 동시에 영어의 구조에 대해서도 자신감을 쌓아가야 합니다. 하지만 이런 표현은 어떤가요? 영어 실력이 느는데 오히려 방해되겠죠? 물론 이러한 표현은 랭킹에서 탈락했습니다.

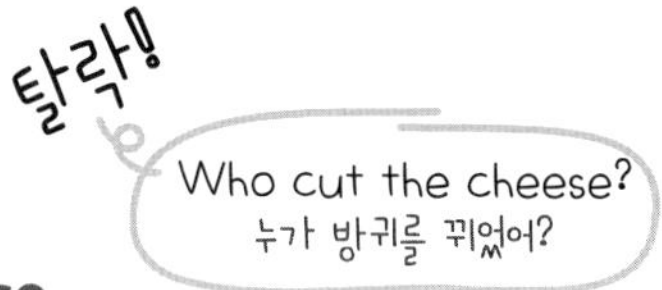

탈락!
Who cut the cheese?
누가 방귀를 뀌었어?

심사기준3 Importance

꼭 말할 필요가 있는 표현인가?

여러분이 살면서 가장 답답한 마음이 들 때는 언제인가요? 정말 꼭 하고 싶은 말이 있는데, 혹은 상황상 꼭 해야 하는 말이 있는데 영어 단어들만 머릿속에서 맴돌 뿐 어떻게 말해야 할지 입이 떨어지지 않을 때 그런 답답함을 느껴볼 수 있겠군요. 말 한마디 때문에 기차 시간을 놓치거나 중요한 계약을 날려버리는 일은 그다지 어렵지 않게 상상해 볼 수 있죠. 그런데 이렇게 중요한 표현들을 놔두고 굳이 해도 그만 안 해도 그만인 표현을 배우는 데 시간을 낭비할 필요가 있을까요? 물론 이러한 표현은 랭킹에서 탈락했습니다.

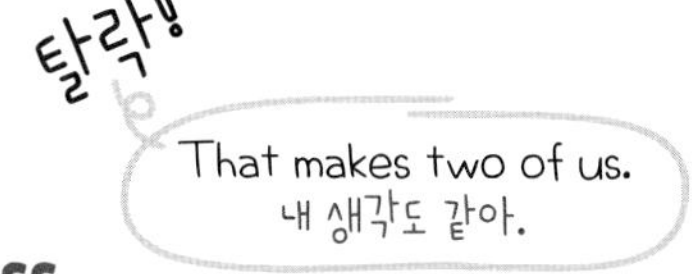

탈락!
That makes two of us.
내 생각도 같아.

심사기준4 Uniqueness

다른 방법이 없는 유일한 표현인가?

직역을 하자면 '그런 점이 바로 우리를 둘로 만들어 주는 점이군' 정도 되겠죠? 가만히 들여다보면 의미를 알 수도 있는 재미있는 표현입니다. 하지만… 그냥 'Me too'라고 해도 되지 않을까요? 아니면 'I think so too'도 좋고요. 이렇게 빙빙 돌리고 꼬아서 말하는 표현은 배우기 전에 다시 한번 생각해 봤으면 합니다. 우리에게 정말 필요한 표현들은 이미 다 배웠는지를 말이죠. 물론 이러한 표현은 랭킹에서 탈락했습니다.

자, 이제 가볼까?

RANK
001

RANK
002

RANK
003

RANK
004

Yes?

RANK **001**

네 말씀하세요~!

여보세요? 저기요? 'Yes'라는 표현이 가장 많이 쓰이는 표현 1위 맞나요? 세 번 다 'Yes'라고 대답하면 됩니다. 'Yes'는 긍정의 표현으로도 쓰이지만, 단순히 상대방의 부름에 대한 대답으로도 흔히 쓰이거든요. 우리말의 '예'가 그렇듯이요. 그러니 1위 할 만도 하겠지요?

Me neither.

RANK **002**

=I don't want either.

나도 안 그래.

'나도 그래!'라는 표현이 영어로는 두 가지입니다. "Me, too.(I do.)" "Me, neither.(I do not.)" 상대가 부정문으로 말했을 때는 항상 'too' 대신 'neither'를 사용해야 합니다. 많이들 실수하는 부분이죠.

Oh~ Come on!

RANK **003**

=Don't do that.

그러지 말고 좀!

영화나 드라마를 보다 보면 심심찮게 들을 수 있는 대사입니다. 보통 인상을 살짝 찌푸리고는 실망감이 담긴 목소리로 말하는 대사이지요. 상대방이 기대를 저버렸을 때 쓸 수 있는 표현입니다. "너 정말 그거 안 해줄 거야? 그러지 말고 좀!"

Oh~ Come on!

RANK **004**

=It's impossible.

아~ 말도 안 돼!

짜증나는 일이나 황당한 일이 일어났을 때 혼잣말로 내뱉을 수 있는 표현이기도 합니다. 옥상에 빨래를 널어두자마자 화창하던 하늘에서 소낙비가 떨어지네요. 바로 그럴 때 쓸 수 있는 표현이지요. 인상을 잔뜩 구기고서 말이에요.

RANK
005

RANK
006

RANK
007

RANK
008

This one.

RANK
005

이걸로 할게요.

식당에서 메뉴판을 보면서 특히 많이 사용하는 표현입니다. 그냥 'this'라고 말해도 같은 의미이지만, 보통 'This one, please'라고 이야기합니다. '저것'은 'that one'이라고 합니다.

Why not?

RANK
006

왜 안 된다는 거야?

'왜 아니야? 이유를 설명해줘'라는 의미도 있지만 '안될 게 뭐야? 그냥 해버려야겠어'라는 의미로 더 많이 사용됩니다.

Guess what.

=Can you figure it out?

RANK
007

뭐게?

대화하기 위해서 운을 띄울 때 쓸 수 있는 표현입니다. 이런 표현을 통해 상대방으로부터 궁금증을 유발할 수 있다면 상대방이 대화에 더욱 집중해서 귀를 기울이겠지요.

You know what?

=Do you know that?

RANK
008

너 그거 알아?

새로운 이야기를 시작할 때 사용합니다. 우리말로 치자면 '그거 알아?'에 해당해요. 생각해보면 난데 없이 '그거 알아?'라고 말하는 것도 재미있는데, 영어에도 같은 표현이 있군요.

RANK
009

RANK
010

RANK
011

RANK
012

I don't care.

RANK 009

=Who cares?

그러든지 말든지.

시큰둥한 표정으로 '나는 신경 쓰지 않아'라고 말할 때 쓰는 표현입니다. 무엇인가를 해도 되겠느냐는 질문에 대한 대답으로도 역시 쓸 수 있는 말이겠지요. 자신의 실수에 대해 사과하는 상대방에게 '괜찮다, 상관없다'는 의미로 해 줄 수 있는 말이기도 합니다.

If so.

RANK 010

그렇다면.

'If it is so'를 짧게 줄여서 쓰는 표현입니다. 체념하는 듯한 뉘앙스가 담겨 있지요. '만약 그게 그렇다면', 어쩔 수 없이 그것 말고 다른 것을 선택해야만 할 테니까요.

It's no game.

RANK 011

=It's no joke.

장난 아닌데.

만만하게 보았던 일이 애초에 예상했던 것과는 다르게 힘들고 만만치 않을 때가 있지요. 그런 상황에서 '진지하게 해야겠는데?', '대충대충 해서는 안 되겠는데?'라는 의미로 쓸 수 있는 표현입니다.

Like this?

RANK 012

이런 식으로 하면 돼?

누군가가 부탁을 하거나 일을 맡겼습니다. 하지만 일을 하면서도 제대로 하는 지 확신이 서지 않네요. 그럴 때는 이 표현을 써서 물어보고 확인하면 됩니다. '이렇게 하는 거 맞아?'라는 뜻이지요.

RANK 013

Do you have a plan?
계획이 있어?

RANK 014

RANK 015

RANK 016

Listen.

RANK
013

내 말 들어 봐.

할 말이 있을 때 상대방의 주의를 끌기 위해서 쓰는 표현입니다. 상대방이 자신의 말을 끝까지 듣지 않고 자르거나, 딴청을 피울 때도 쓸 수 있는 표현이지요. '그러지 말고 내 말 좀 잘 들어봐'라는 의미로 말이에요.

No wonder.

RANK
014

그럴 만해.

'wonder'는 '궁금함'입니다. 어떤 상황이나 상대방의 말에 대해서 '당연하지', '그럴 줄 알았다'는 등의 의미로 쓸 수 있는 표현입니다. 'How come?(아니, 어떻게 그런 일이 벌어질 수가 있어?)'의 정반대 표현입니다. 비슷한 말로 'That's expected'가 있습니다.

That's it!

RANK
015

됐어, 끝이야.

문자 그대로의 뜻으로, '바로 그거야!'라는 뜻으로도 쓰이지만 '이만하면 되었다', '끝이다'라는 뜻으로도 쓰입니다. '처리할 일이 바로 딱 그만큼이다'라는 의미로 받아들이면 될 것 같네요. 'This is it!'이라고도 합니다. 친구와 아쉬운 이별을 할 때도 사용합니다.

Women.

RANK
016

여자들이란.

말썽을 부리거나 서투른 행동을 하는 여성에게 쓸 수 있는 말입니다. 여성을 무시하는 표현 같지만, 사실은 '남자들이란', '남자애들이란'이라는 의미로도 쓸 수 있습니다. 'Men' 혹은 'Boy'라고 하며 고개를 좌우로 조금만 흔들어주면 OK!

RANK 017

RANK 018

RANK 019

RANK 020

Don't ask.

RANK 017

묻지 마.

혹시 속상한 일이 있어 혼자 있고 싶었던 경험이 있나요? 누구와도 말하고 싶지 않을 때 말이죠. 설명하기 싫은 일이 있을 때, 혹은 생각하고 싶지도 않은 일에 대해 누군가 물어보려 할 때 사용하는 표현입니다.

I owe you one.

RANK 018

내가 신세 한 번 졌어.

도움을 받았을 때 감사의 뜻으로 건넬 수 있는 표현입니다. 반대로 도움을 주었을 경우에는 'You owe me one'이라는 표현을 쓸 수 있습니다. '너 나한테 신세 한 번 졌어'라는 뜻이지요.

I want a refund.

RANK 019

환불 받고 싶어요.

'refund'는 '환불'이라는 뜻의 단어입니다. 산 물건이 마음에 들지 않을 때 이 표현을 써서 환불을 요구할 수 있지요. 'want' 대신 'ask for'를 써서, 'ask for a refund'라고 해도 같은 의미의 표현이 됩니다.

It depends.

RANK 020

때에 따라 다르지.

어떤 상황에 대해서 확실한 방향을 결정할 수 없을 때 쓰는 표현입니다. '지금 당장 결정할 수는 없고, 상황에 따라 결정하겠다'라는 뜻이지요. '너 하기에 달렸어'라고 하고 싶다면, 이렇게 말해보세요. "It depends on you."

RANK
021

RANK
022

RANK
023

RANK
024

It takes 10 hours.

RANK 021

그거 열 시간은 걸려요.

'take'가 가진 여러 가지 의미 중에는 '시간이 걸리다'라는 뜻도 있습니다. 여러 가지 상황에서 응용하여 쓸 수 있는 표현이네요. 가령, '거기까지 가는 데 3시간은 걸려요'라는 말은 어떻게 표현하면 될까요? 이렇게 말하세요. "It takes 3 hours to get there."

It's your turn.

RANK 022

네 차례야.

체스나 당구처럼 번갈아 돌아가며 하는 게임을 할 때 유용하게 쓸 수 있는 표현입니다. 친구에게 식사를 대접했다면, 커피숍에 가서는 계산대 앞에서 이렇게 말할 수도 있겠지요. 지갑을 꺼내는 대신에요.

Just in case.

RANK 023

혹시 몰라서 말이야.

하늘에 구름이 잔뜩 끼어 있는 것을 보아하니 비가 내릴 것 같기도 하네요. 이런 날 외출을 할 때는 혹시 모를 상황을 대비해 가방 속에 우산을 챙겨두어야 하겠지요. 이처럼 앞으로 일어나게 될지도 모르는 상황에 대해서 대비를 할 때 쓰는 표현입니다.

Let me think about it.

RANK 024

생각 좀 해볼게요.

성격이 급한 분이라면 이 표현을 꼭 익혀두셔야 할 것 같네요. 'Let me'는 'I will'과 비슷한 의미입니다. 다만 상대에게 허락을 구하는 자세로 말할 때는 'I will'보다는 'Let me'가 더 어울립니다.

RANK 025

RANK 026

RANK 027

RANK 028

Let's share.

RANK **025**

나누자. (나눠서 하자.)

'share'는 '공유하다'라는 뜻입니다. 어떤 물건을 함께 쓰자고 하거나 음식을 함께 먹자고 제안할 때 쓸 수 있는 표현입니다. 'Let's share the expense'라고 하면 '비용을 나누어 내자'라는 뜻도 되고요.

How do you spell that?

RANK **026**

그거 철자가 어떻게 되나요?

'How do you~'는 유용한 표현입니다. 이런 식으로 다양하게 응용해서 쓸 수 있습니다. "How do you know?(어떻게 알아?)" "How do you feel?(어떤 기분이야?)" 하지만, '어떻게 생각해?'라고 할 때는 'What do you think?'라고 합니다.

Can I have a ride?

RANK **027**

차로 좀 데려다줄 수 있어?

'ride'는 놀이기구 등을 탈 때 쓰는 동사입니다. 'ride a bicycle'이라고 하면, '자전거를 타다'라는 뜻이죠. 하지만 여기서 사용된 'a ride'는 명사입니다. 'Can I have a ride?'는 'ride'를 명사로 사용한 대표적인 표현입니다.

Can you take me there?

RANK **028**

나를 거기로 데려다줄 수 있어?

'take'는 매우 여러 가지 의미를 가진 단어인데, 여기서는 '데려다주다'라는 의미로 사용되었습니다. '날 집으로 데려다 줘'라고 하고 싶다면, 이렇게 말해보세요. "Take me home."

RANK
029

RANK
030

RANK
031

RANK
032

Let's go Dutch.

RANK
029

각자 계산하자.

우리도 흔히 쓰는 표현인 '더치페이 하자'와 같은 의미의 표현입니다. 'Dutch'는 '네덜란드 사람'이라는 뜻인데요, 자기가 먹은 음식값은 각자가 맡아 지급하는 네덜란드인들의 전통적인 생활 양식에서 유래한 표현이라고 합니다.

Let's split the bill.

RANK
030

=Let's pay half and half.

같이 계산하자.

문자 그대로 직역하면 '계산서를 나누도록 하자'라는 뜻이네요. 정말 계산서를 찢어 한 조각씩 나누자는 말은 당연히 아니겠지요? 위에서 배운 'Let's go Dutch'와 비슷한 의미이지만, 각자 먹은 만큼만 요금을 내자는 것이 아니라 총금액을 인원수만큼 나누어 내자는 표현이라는 점에서 차이가 있습니다.

Who else?

RANK
031

=Only you.

또 누가 있겠어?

귀찮은 일을 떠넘기며 괜히 추켜세워줄 때 쓰면 유용할 것 같은 표현이네요. "이 일은 딱 네게 제격이야. 너를 위한 일이라니까? 너 말고, 또 누가 있겠어?" 'else'는 '그밖에'라는 의미입니다.

Anyone else?

RANK
032

그 밖엔 아무도 없나?

'anyone(누구든지)'과 'else(그밖에)'가 붙어 있네요. 지원자를 뽑고 있을 때 유용하게 쓸 수 있는 표현입니다. 이런 식으로 말이에요. "아직 한 명이 부족하네요. 다른 사람 또 없나요?"

RANK
033

RANK
034

RANK
035

RANK
036

What else?

=Any other things?

그 밖에 또 뭐가 있을까요?

RANK 033

'else'를 활용한 표현이 계속해서 이어지고 있네요. 'else'는 '그 밖의 다른'이라는 뜻의 단어입니다. '무엇'이라는 뜻의 'what'과 함께 쓰여있으니, 우리말로 그대로 옮겨보자면 '뭐 다른 건?' 정도의 의미가 되겠죠?

Where else?

그 외에 또 어디가 있겠어?

RANK 034

이번에는 '어디'를 뜻하는 'where'와 함께 쓰였습니다. '거기 말고는 딱히 없다'라는 의미가 담긴 표현이지요. "공부를 해야 하는데 어디에서 하는 것이 좋을까? 도서관에 갈까?" "그래야지, 거기 말고 다른 데가 또 있겠어?"

Nothing else.

=That's all.

더는 없어요.

RANK 035

유일한 것에 쓰는 표현입니다. 그것 외에 다른 것은 없다는 의미니까요. 'nothing'이라고만 하는 것과의 차이점이 이해 가시나요? 'nothing'은 그냥 아무것도 없는 거죠.

So what?

=What's your point?

그래서 뭐?

RANK 036

분명 뭔가 하고 싶은 말이 있는 것 같긴 한데. 상대방이 결론을 이야기하지 않고 계속 말을 빙빙 돌리기만 할 때 쓸 수 있는 표현이에요. 가령, "그래서 지금 무슨 말을 하고 싶은건데? 나랑 헤어지자는 거야?"

RANK
037

RANK
038

RANK
039

RANK
040

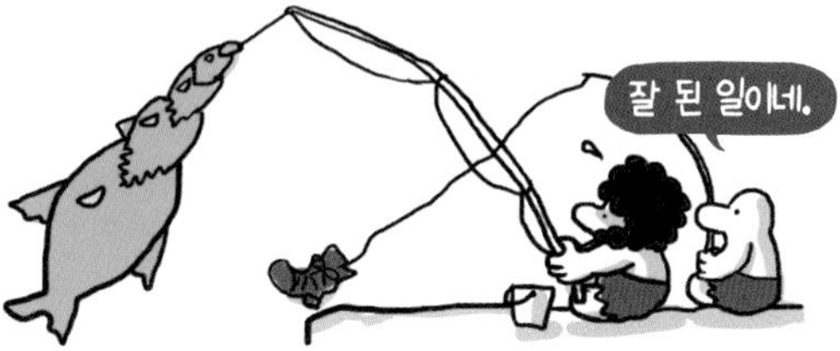

Don't be like that.

RANK 037

그렇게 행동하지 마.

'Don't be~'는 유용한 패턴입니다. 이런 식으로 여러 가지 표현을 만들 수 있죠. "Don't be hurry.(서두르지 마.)" "Don't be in a rush.(서두르지 마.)" "Don't be sad.(슬퍼하지 마.)"

Every two hours.

RANK 038

매 두 시간마다.

시간의 일정한 간격을 알려주는 표현이에요. 버스 시간이나 감기약 복용 시간을 말할 때 사용해요. 응용해서 이렇게 쓸 수도 있어요. 'every hour(매시간마다), every three hours(세 시간마다), every hour on the hour(매시 정각마다).'

Go ahead.

RANK 039

=Keep going.

계속해.

재촉하는 듯한 표현처럼 보이기도 하지만 꼭 그런 것만은 아닙니다. 도리어 '나는 신경 쓰지 말고 하던 것 계속하세요, 먼저 하세요'라는 의미로도 쓰일 수 있지요.

Good for you.

RANK 040

잘 된 일이네.

좋은 일이 생긴 친구에게 해 줄 수 있는 표현입니다. 'congratulations'는 축하한다는 의미죠? 이와 비슷한 표현입니다. 축하한다고 말하기까지는 조금 어색할 때 쓸 수 있는, 그보다는 조금 약한 뉘앙스가 담긴 표현입니다.

RANK
041

RANK
042

RANK
043

RANK
044

I knew it.

RANK **041**

내가 이럴 줄 알았지.

예상했던 일이 실제로 일어났을 때 이렇게 말하고는 하지요. 사실, 정말 그 일을 예상했다기보다는 뜻한 대로 일이 잘 안 된 상대방을 위로하거나 놀릴 때 더 많이 쓰는 표현 같기도 합니다. 응용해서 이런 식으로 쓰기도 합니다. "I knew that one was comming.(그 말이 나올 줄 알았어.)"

Never mind.

RANK **042**

=Forget it.

신경 쓰지 마.

별일 아니니 신경 끄라는 표현으로, 어떤 잘못에 대해 사과하는 상대방에게 '괜찮다'는 의미로도 쓸 수 있는 표현입니다. 'mind'를 사용한 또다른 표현들로는 이런 것들이 있어요. "I don't mind.(난 신경 안 써.)" "If you don't mind.(네가 신경 안 쓴다면.)"

Do you mind?

RANK **043**

그렇게 안 하시면 안 될까요?

'괜찮으시겠습니까?'라고 허락을 구하는 표현입니다. 여러 가지 상황에 사용됩니다. 이때, 대답에 주의하셔야 해요. 'Yes'라고 대답하면 그것은 'mind한다', 다시 말해 '싫다'는 의미가 됩니다. 그러니 보통은 'No'라고 대답하겠죠? 'mind'와 'No'를 세트로 외워두세요.

He is not in.

RANK **044**

=He is out.

그는 부재중이에요.

말 그대로 '자리에 없다, 부재중이다'라는 의미의 표현입니다. 상대방이 찾는 사람이 자리에 없을 때 할 수 있는 말이지요. 자리에 있더라도, 만나기 싫다 한다면 어쩔 수 없지요. 이렇게라도 둘러대는 수밖에.

RANK
045

RANK
046

RANK
047

RANK
048

Can you meet me at the airport?

RANK 045

=Can you greet me?

공항에 마중 나와 줄래?

'meet'은 주로 '만나다'라는 의미로 쓰입니다. 하지만 이 단어에는 '마중 가다'는 뜻도 포함되어 있습니다. 장시간의 비행으로 지쳐있다면 친한 친구나 가족에게 이렇게 부탁해 보세요. 기꺼이 나와 줄 겁니다.

How much in total?

RANK 046

다 합해서 얼마죠?

상점에서 물건을 구입하거나 식당에서 식사를 한 뒤 계산을 할 때 흔히 쓰는 표현입니다. 이 표현을 써야 할 때는 마음의 준비를 단단히 하세요. 간혹가다 무시무시한 대답이 돌아올 수도 있거든요. 간단히 'in total?'이라고만 사용하기도 합니다.

Including tax?

RANK 047

세금 포함인가요?

예상보다 가격이 적게 나왔다고요? 그래도 안심하지는 마세요. 부가세라는 복병이 기다리고 있을지도 모르니까요. 긴장을 놓지 말고 다시 한 번 이렇게 물어보세요. "Including me?(나도 포함해서?)" "Including Everything?(모든것을 포함해서?)"

Is it on sale?

RANK 048

이거 할인되나요?

'on sale'은 할인을 의미합니다. 그냥 'sale'은 판매를 뜻하고요. 'It is not on sale'이라고 하면, '판매 중이 아닙니다'라는 뜻이지만, 'It is not for sale'이라고 하면, '판매용이 아닙니다'라는 뜻입니다.

RANK
049

RANK
050

RANK
051

RANK
052

Something like that?

RANK
049

저거 비슷한 거로요?

맞는다고 하기도 뭐하고 아니라고 하기도 뭐한 순간이 있죠? 그렇다고 그게 뭔지 직접 딱 부러지게 설명하기도 어려울 때. 그런 순간에 사용할 수 있습니다. 'something like this movie(이 영화와 비슷한 것), something like pasta(파스타 같은 것), someone like you(당신 같은 사람)'처럼요.

Shall we?

RANK
050

우리 그럴까요?

'shall'은 원래 'will'과 비슷한 의미의 단어이지만, 'Shall we?'와 'Will we?'의 뜻은 서로 다릅니다. 'Will we?'는 '우리가 그렇게 될까요?'라는 뜻의 표현이지요. 'Shall we' 뒤에는 함께 할 것을 요청하는 여러 가지 동사가 사용될 수 있습니다. "Shall we dance?(우리 춤출까요?)"

Woops.

RANK
051

어머나.

뭔가 실수를 했을 때 사용하는 말입니다. 감탄사의 일종이죠. 그렇다고 울면서 하는 말까지는 아니고요. '아이고, 이걸 어쩌지?' 하는 의미를 담고 있습니다.

I'm on the way.

RANK
052

가는 길이에요.

이 표현에 쓰인 'way'는 눈에 보이는 사물로서의 길이나 도로를 뜻하는 것이 아닙니다. '어디 어디로 가는 길'이라는 뜻이지요."I'm on my way." 라고 쓰기도 합니다. 그리고 이런 식으로 쓰기도 하죠. "On my way home.(집에 가는 중이야.)" "On my way to school. (학교 가는 중이야.)"

RANK
053

RANK
054

RANK
055

You look more delicious.
네가 더 맛있어 보이는데.

RANK
056

I don't have a tail.
난 꼬리가 없어.

I'm just looking.
RANK 053

그냥 구경하고 있어요.

상점에 들어가면, 특히나 옷 가게에 들어가면 점원이 따라붙어 물어보고는 합니다. "뭐 찾으시는 거 있으세요?" 그에 대한 답변으로 쓸 수 있는 표현입니다. 비슷한 표현으로 'I'm just browsing'이 있습니다.

It's my pleasure.
RANK 054

천만에요. (오히려 제가 기쁩니다.)

상대방이 고마움을 표현해 왔을 때 그에 대한 답례로 쓸 수 있는 말입니다. 상당히 정중한 표현으로, 격식을 갖추어야 하는 사이에서 자주 쓰는 표현이지요. 주로 'Thank you very much'에 대한 대답으로 많이 씁니다.

On second thought...
RANK 055

다시 생각하니까…

직역하면 '두 번째 생각에서'라는 뜻이네요. 대화를 하거나 일을 하다 보면 애초에 생각했던 것과는 다른 결론이 나올 때가 있습니다. 그럴 때 쓰는 표현이네요. "다시 생각해 보니, 이건 아닌 것 같아." 반전이 숨어있는 표현이라고나 할까요.

Since when?
RANK 056

언제부터 그랬는데?

"나 그 여자랑 사귀고 있어!" 이런 말을 친한 친구에게 했을 때 상대방의 반응, 상상이 가시나요? 일단은 경악에 가득 찬 비명을 지르겠지요. 그리고는 아마 십중팔구 이것부터 물어 올 겁니다. "언제부터?" 대답은 이런 식으로 합니다. "Since I met you.(내가 널 만났을 때부터.)" "From the first time.(처음부터)"

RANK
057

RANK
058

RANK
059

RANK
060

What do you call it?

RANK 057

=What is the name of it?

이건 뭐라고 불러?

여자친구가 화장을 하는 모습을 처음 보았을 땐 깜짝 놀랐습니다. 조그만 가방에서 화장품이 끝도 없이 나오더라고요. 그 모습이 신기해 하나하나 나올 때마다 이렇게 물어봤지요. "이건 뭐라고 불러?" 물론, 화장을 다 마칠 즈음엔 다 잊어버렸지만요. 이 표현엔 이런 식으로 대답할 수 있어요. "We call it love.(우린 이를 사랑이라 불러.)"

It doesn't make sense.

RANK 058

말이 안 되잖아.

상대방의 말을 믿을 수 없거나, 그 말이 이해가 되지 않을 때 쓸 수 있는 표현입니다. 허풍쟁이라면 이런 말을 많이 듣게 되겠지요. "어제 낚시를 하러 갔었는데 말이야, 무려 일 미터도 훨씬 넘는 넙치를 낚았지 뭐야." "말도 안 돼!"

It makes sense.

RANK 059

말이 되네.

바로 앞의 표현과 반대되는 의미를 가진 표현입니다. '이해된다, 말이 된다'는 뜻의 표현이지요. 평소에 행실을 바르게 한다면, 일 미터가 아닌 이 미터 짜리 넙치를 잡았다고 해도 믿어주지 않을까요?

As soon as possible.

RANK 060

=A.S.A.P~

최대한 빨리.

제가 자주 쓰는 표현 중의 하나네요. 원고 마감일이 가까워져 올수록 이 표현을 쓰는 횟수도 더욱 잦아집니다. 원고를 기다리는 편집자들 역시 마찬가지겠지요. "최대한 빨리 보내주세요!" "최대한 빨리 보내줄게요…" 줄여서 'A. S. A. P.'라고도 씁니다.

RANK
061

RANK
062

RANK
063

RANK
064

I caught a cold.

RANK
061

나 감기 걸렸어.

'잡다'라는 의미의 'catch'를 이용해 '감기를 잡는다'라고 말합니다. 보통은 'catch'의 과거형인 'caught'가 사용되지만 그냥 'catch'를 사용하는 표현도 있겠죠? 이 표현을 사용해서 이렇게 말할 수도 있어요. "I will catch a cold.(나 감기에 걸릴 거야.)" "Not to catch a cold.(감기에 걸리지 않기 위해.)"

Every other egg.

RANK
062

하나 걸러 하나씩.

'every'는 '모든'이란 뜻이고, 'other'는 '다른'이란 뜻이죠? 이 둘을 합쳐서 쓰면 조금은 의외의 의미가 됩니다. 예문에서는 'egg'를 붙여 사용했지만 어떤 것에도 응용할 수 있어요. 가장 흔하게 쓰이는 것은 'every other time'입니다. '한 번 걸러 한 번 씩'이라는 의미가 되지요.

On the other hand...

RANK
063

한편으론…

'the other day(지난 그 날)'처럼 대상이 정해져 있을 때는 'the other'를 사용합니다. 반면, 불특정한 대상에는 'another'를 사용합니다. 'another day(나중에 아무 때나)'처럼요.

Say "hello" to her.

RANK
064

그녀에게 안부 전해 줘.

뭔가 낭만적인 표현 같지 않나요? 표현 방식이 살짝 낯부끄럽기도 한 것이 이런 말을 언제 쓰겠나 싶기도 하겠지만 의외로 흔히 쓰이는 일상적인 인사말이랍니다.

RANK
065

RANK
066

RANK
067

RANK
068

What would you recommend?

RANK
065

=What is your recommendation?

추천 좀 해 주시겠어요?

'recommend'는 '추천하다'라는 뜻의 단어입니다. 처음 가 본 식당에서 주문을 하거나 상점에서 물건을 고를 때 유용하게 쓸 수 있는 표현이네요. 'What is good on the menu?'라고도 합니다.

Would you do me a favor?

RANK
066

부탁이 있어요.

일상생활 속에서 흔히 쓰이는 표현입니다. 상대방에게 도움을 요청할 때 쓰는 표현이지요. 비슷한 표현으로 'Can I ask you a favor?'가 있습니다.

I envy you.

RANK
067

=I am jealous of you.

난 네가 부러워.

지는 것을 싫어한다면 이 표현은 익혀두지 않아도 될 것 같네요. 왜냐고요? 우리 속담 중에 '부러우면 지는 것이다'라는 말이 있잖아요. 만약, '난 네가 부럽지 않아'라고 말하고 싶다면 이렇게 말하세요. "I don't envy you. (= I am not jealous of you.)"

It's very you.

RANK
068

=It's typical of you.

참 너답다.

상대방이 자신의 평소 행실이나 성격이 딱 들어맞는 행동을 했다거나, 옷이 상대방에게 정말 잘 어울릴 때 해 줄 수 있는 말입니다.

RANK
069

RANK
070

RANK
071

RANK
072

Nice try.

RANK 069

시도는 좋았어.

무엇인가를 시도했으나 성공하지 못한 상대방에게 해 줄 수 있는 말입니다. 주의하세요. 말투에 따라 격려가 될 수도, 놀림이 될 수도 있습니다. 이런 식으로 응용해서 쓸 수도 있어요. "Nice suit. (정장 예쁘네.)" "Nice shoes.(신발 예쁘네.)"

Are you in?

RANK 070

=Do you want to join?

너도 할래?

여러 명의 친구들과 함께 게임을 하고 있는데, 다른 친구가 뒤늦게 와서는 부럽다는 듯한 눈빛으로 쳐다보네요. 게임이 많이 재미있어 보이나 봐요. 예의상이라도 한 번쯤 이렇게 물어봐 주세요. 한 명이 더 끼어들 경우 숫자가 맞지 않게 된다면, 어쩔 수 없지만요.

Count me in.

RANK 071

나도 끼워줘.

친구들이 나만 쏙 빼놓고 놀러 갈 궁리를 하고 있네요. 함께 끼고 싶다면 이렇게 말하면 됩니다. 반대로, 하기 싫은 일을 억지로 함께 시키려 한다면, '나는 빼 줘'라고 말하고 싶다면 'in'만 'out'으로 바꾸어 말하면 됩니다. "Count me out."

As far as I know.

RANK 072

내가 아는 한.

어떤 질문이나 요구에 대한 답으로 쓸 수 있는 표현입니다. '내가 아는 한 그렇다' 혹은 '내가 아는 한 도와주겠다'라는 의미가 담긴 표현입니다. 'As far as I can.(내가 할 수 있는 한.)'처럼 응용해서 쓸 수도 있습니다.

RANK 073

RANK 074

RANK 075

RANK 076

From when, until when?

RANK 073

언제부터 언제까지요?

각 단어의 뜻을 그대로 우리말로 옮겨 보면 무슨 뜻인지 대충 짐작이 가시죠? 어떤 일의 기간에 관해서 물을 때 쓸 수 있는 표현입니다. “파견근무를 나가게 되어서 한동안 집을 비울 것 같아요.” “언제부터 언제까지요?” 만약 ‘언제부터(지금까지)?’라고 물어보고 싶다면, 간단하게 ‘Since when?’이라고만 해도 됩니다.

I am just curious.

RANK 074

그냥 궁금해서 그러는데.

‘궁금한’이라는 뜻의 ‘curious’를 활용해서 이렇게 말할 수도 있습니다. “I am curious abouit it.(난 이것에 관해 궁금해.)” “Don’t be curious.(궁금해 하지 마.)” 또는, ‘궁금해하다’라는 뜻의 ‘wonder’를 사용할 수도 있죠. “No wonder.(알만 해.)”

I guarantee.

RANK 075

내가 보증할게.

무엇인가에 대해서 호언장담할 때 쓸 수 있는 표현입니다. “이번 소개팅 정말 괜찮다니까? 내가 장담할게!” 비슷한 표현으로는 이런 것들이 있습니다. “Trust me.(날 믿어.)” “I’m sure.(확실해.)”

Is it on the house?

RANK 076

=Is it free of charge?

이거 서비스인가요?

우리가 식당 같은 곳에서 흔히 쓰는 표현인 ‘서비스’는 콩글리시입니다. ‘It is on the house’, 우리말로 옮기자면 ‘이건 가게에 달아두는 거예요’라고 하는 것이 올바른 영어 표현이지요. 잘못된 표현으로 망신을 당하지 않으려면 꼭 알아두세요.

RANK
077

RANK
078

RANK
079

RANK
080

It's sold out.

RANK **077**

(상품, 티켓 등이) 매진이 되었어요.

'sell in'은 제조사가 다음 유통채널에 판매하는 것을 의미하고, 'sell through'는 도매상이 소매상에 판매하는 것을 의미합니다. 그리고 'sell out'은 소매상이 소비자에게 판매하는 것을 의미하죠.

It's too loud.

RANK **078**

그건 너무 튀어.

큰 소리가 나면 자연스럽게 사람들의 이목이 그쪽으로 집중이 되겠지요. '너무 시끄럽다'라는 원 뜻 그대로의 의미로도 쓸 수 있지만, 그처럼 너무 튀는 상황이나 행동을 비유적으로 이르는 표현이기도 합니다. 지나치게 화려한 색상의 옷을 입은 친구에게 해 줄 수 있는 말이겠지요.

It's weird.

RANK **079**

이상하네요.

여기서 'weird'는 '기이하고 이상한'이라는 뜻의 단어입니다. 이를 활용한 'weirdo'라는 표현은 '괴짜'를 가리키죠. 유사한 표현으로 '낯설고 이상한'이라는 뜻의 'strange'가 있지만, 'stranger'는 '괴짜'가 아닌 '이방인'을 의미합니다. '은근히 이상한'이라는 뜻의 'odd'라는 단어도 있어요.

Let's make it 10$.

RANK **080**

우리 10달러로 합시다.

무엇이든 흥정할 때 쓰는 말입니다. 12달러면 될 것 같은 물건인데 15달러를 달라고 한다면 이렇게 말하는 것으로 흥정을 시작할 수 있겠네요. 가격뿐 아니라 시간에 대해 말할 때도 사용할 수 있는 표현입니다. "몇 시에 만날까?" "열 시로 하자."

RANK
081

RANK
082

RANK
083

RANK
084

Nothing to lose.
RANK 081

밑져야 본전이지.

'잃을 것이 없으니 한번 해 보자'라는 의미인데, 개인적으로는 잘 믿지 않는 말입니다. 모든 일에는 대가가 따르는 법이니까요. 주로 어떤 일을 할지 말지 망설이는 친구를 유혹할 때 쓰는 표현이지요. 비슷한 표현으로는 '해 될 것은 없어'라는 뜻의 'There is no harm'이 있습니다.

Now, we are even.
RANK 082

이제 우리는 비겼어.

여기에서 'even'은 '두 사람이 대등한, 동일한'의 뜻으로 쓰였습니다. 게임에서 비겼을 때 쓸 수 있는 표현이기도 하지만, 빚을 하나씩 주고받았거나 번갈아 가며 장난을 치는 상황에서도 이 표현이 유용하게 쓰일 것 같네요.

She is bossy.
RANK 083

그녀는 너무 제멋대로야.

'bossy'는 'boss', 즉 대장처럼 구는 것을 뜻합니다. 직장 상사처럼 이래라저래라 잔소리를 많이 하는 사람도 있지요. 너무 권위적인 사람을 가리켜 이 표현을 쓰기도 합니다.

Should I wait?
RANK 084

기다려야 하나요?

맛집으로 유명한 식당에 가면 항상 앞서 와서 입장을 기다리고 있는 사람들이 많이 있잖아요. 정말 기다릴만한 가치가 있는지는 먹어 봐야 아는 거지만요. '얼마나 더 기다려야 되나요?' 하고 물으려면 'How long should I wait?'라고 하면 됩니다.

RANK
085

RANK
086

RANK
087

RANK
088

What's wrong with you?

RANK 085

너 도대체 왜 그래?

평소답지 않게 자꾸 이상한 행동을 하거나, 거듭해서 실수를 연발하는 사람이 있을 때 쓸 수 있는 표현입니다. '무슨 문제 있어? 왜 그러는 거야?'라는 뜻이지요.

What's your excuse?

RANK 086

뭐라고 변명할 거야?

똑같은 잘못을 계속해서 반복하면서도 사과 대신 변명만을 늘어놓는 사람들이 있지요. 오늘도 어김없이 약속 시간에 늦어놓고는 무언가 변명거리를 말하려 하는 친구에게 이 표현을 말해보세요. 여기 있는 'excuse'는 '변명, 용서하다'라는 뜻입니다. 그래서 'Excuse me'라고 하면, '나를 용서하세요, 실례합니다'라는 뜻이죠.

Why should I?

RANK 087

내가 왜 그래야 하는데?

명령이나 부탁에 대해서 거부를 할 때 쓸 수 있는 표현입니다. 조금은 어이없다는 듯한 표정도 함께 지어주면 표현의 뉘앙스가 더욱 잘 살아날 것 같네요.

You want to bet?

RANK 088

우리 내기할까?

먼저 내기를 하자고 제안을 할 때는 분명히 이길 것이라는 확신이 있는 경우일 때가 많습니다. 정말로 내기 도박을 하고 싶을 때보다는 상대방에게 내 말이 틀림없음을 강조할 때 자주 쓰이는 표현입니다. '돈을 걸다'라는 뜻의 'bet'을 사용한 표현으로는 이런 것들이 있습니다. "I bet on it.(난 여기에 걸겠어.)" "Will you bet on it?(여기에 걸 테야?)"

RANK
089

RANK
090

RANK
091

RANK
092

Every hour on the hour.

RANK **089**

매시 정각이에요.

'every hour on the half hour'이라고 하면, '매시 30분에'를 의미하고, 'every hour at ten minutes past the hour'이라고 하면, '매시 10분에'를 의미해요.

I just can't take it!

RANK **090**

납득할 수 없어! (받아들일 수 없어!)

성적이 D-가 나왔다고요? 출석도 제법 꾸준히 했고 과제도 제출했는데 말이에요? 뭔가 착오가 있는 것이 분명하다면, 교수님께 찾아가 이렇게 외치세요. '참을 수 없다', '견딜 수 없다'는 뜻으로도 쓸 수 있는 표현입니다.

Please fill it up.

RANK **091**

가득 채워주세요.

주유소에서 많이 쓰이는 표현입니다. 속된 말로 하자면 '만땅 채워주세요'라는 뜻이지요. 'it' 대신에 'her'를 써서 'fill her up'이라고 해도 같은 뜻의 표현이 됩니다. 과거엔 자동차를 여성명사로 취급했거든요.

Be nice.

RANK **092**

살살 다뤄.

위험하거나 섬세한 무엇인가를 다루고 있는 사람에게 조심하라는 경고를 하고 싶다면 이 표현을 사용해 보세요. 우리말로 하면 '좋게 좋게 좀 해 봐'라는 정도의 뉘앙스가 될 것 같네요. 이렇게 말할 수도 있습니다. "Be gentle."

RANK
093

RANK
094

RANK
095

RANK
096

It's everywhere.

RANK 093

이것들 천지예요.

스타벅스나 맥도날드 같은 브랜드들을 보면 어떤 생각이 드시나요. 그래요, 그것들은 어디에나 있지요! 그리고 그 안엔 언제나 사람들이 바글바글하고요. 그처럼 어디에 가나 쉽게 찾을 수 있는 것 혹은, 어느 무엇이 한 장소 안에 잔뜩 모여 있는 상태를 조금 과장하여 쓰는 표현입니다.

Go for it!

RANK 094

힘을 내!

큰일이나 도전을 앞에 두고 망설이고 있는 친구가 있다면 이 표현으로 기운을 북돋아 주세요. '힘을 내!', '한번 덤벼들어 봐!'라는 의미가 담긴 표현입니다.

Here you go!

RANK 095

여기 있어!

비슷한 형태를 가진 문장으로는 이런 것들이 있습니다. "Here we go!(시작한다!)" "Here I go!(시작할게!)" 그리고 비슷한 의미를 갖지만, 조금 다른 표현도 있습니다. "There you go!" 이 표현은 '여기 있어'말고도 '그렇지, 잘한다!', '또 시작이군!'이라는 뜻으로도 쓰입니다.

See?

RANK 096

=I told you.

거 봐. (내가 뭐랬어?)

모두가 안 될 것이라고 부정적으로만 이야기하던 일을 멋지게 해냈네요. 그럴 때는 어깨를 으쓱거리며 이렇게 말해보세요. 미리 예상했던 어떤 일이 그대로 일어났을 때도 쓸 수 있는 표현입니다. "그것 봐, 내가 뭐라고 했어!" 'I told you!'도 같은 의미의 표현입니다.

RANK
097

RANK
098

RANK
099

RANK
100

Am I right?

RANK 097

내가 맞아요?

방심은 금물, 지나친 자기 과신도 금물입니다. 자신감 있게 일을 처리하는 것도 좋지만 가끔은 제대로 하고 있는지 주변 사람들로부터 조언을 얻는 것도 좋겠지요. 그럴 때 이 표현을 사용해 주위 사람에게 한 번 물어보세요. "Am I wrong?(내가 틀렸어?)" "You are right.(네가 맞아.)"

Both of them.

RANK 098

둘 다예요.

도저히 둘 중 하나를 선택할 수 없는 질문을 받을 때가 있습니다. 가령, "자장면이 좋아, 짬뽕이 좋아?"와 같은 질문. 고민할 필요 없어요. 이렇게 대답하면 되니까요. "둘 다요!" 만약, '세 개 이상의 모든 것'을 말하고 싶다면 'all of them'이라는 표현을 쓰면 됩니다.

Neither of them.

RANK 099

둘 다 아니에요.

'neither of them'은 '둘 중 0개'를, 'none of them'은 '셋 이상 중 0개'를 의미합니다. 만약 '둘 중 1개'라고 말하고 싶다면 'either of them', '셋 이상 중 1개'라고 말하고 싶다면 'one of them'을 쓰시면 됩니다.

Calm down.

RANK 100

진정해.

'calm'은 '고요한, 침착한'을 의미하죠. 그래서 'calm down'은 '침착해져라'라는 뜻이 됩니다. 'calm'의 발음 때문에 고민하시는 분들이 의외로 많아요. 'calm'에서 'l'은 발음하지 않고 그냥 '캄' 하시면 됩니다.

RANK 101

RANK 102

RANK 103

RANK 104

I'm in trouble.

RANK 101

큰일 났다.

실수를 했을 때, 곤란한 상황에 빠졌을 때 쓸 수 있는 표현입니다. 조금 더 과장해서 표현하고 싶다면 'I am a dead man', 'I am a dead meat'라고 해도 됩니다. '나는 죽었다'라는 뜻이지요.

Such as?

RANK 102

예를 들면 어떤 거?

상대방이 하는 말이 잘 이해가 되지 않을 때, 그 예를 들어 설명해 주기를 요청할 때 쓰는 표현입니다. 조금 더 따지듯 묻고 싶다면 'like what?'이라는 표현을 쓰면 됩니다.

Easy! Easy!

RANK 103

서둘지 마.

'Take it easy'와 같은 의미의 표현이지만 조금 더 다급한 상황에서 쓰입니다. 한 문장을 통째로 말하기에도 급한 그런 상황 말이에요. 꼭 상황이 그리 다급한 것은 아니더라도 침착해야 함을 강조하기 위해 이렇게 표현을 하기도 하고요.

Is it too much?

RANK 104

너무했나?

심한 장난에 상대방이 기분 나쁜 듯한 기색을 보인다거나 할 때 '너무 과했나?'정도의 의미로 쓸 수 있는 표현입니다. 너무 과장되어 어색한 패션을 가리켜 'too much'라고 하기도 하지요. 가령, 알이 너무 큰 선글라스를 썼을 때 '이건 너무 심해?'정도의 의미로 이 표현을 쓸 수 있겠네요.

RANK
105

RANK
106

RANK
107

RANK
108

It works.

RANK
105

효과가 있어.

일상생활 속에서 자주 쓰는 표현으로, 무엇인가에 대한 시도가 성공적으로 되었을 때 쓰는 말이지요. 기계가 잘 작동한다거나, 약이 효과가 있다거나 그럴 때 말이에요.

You'll see.

RANK
106

곧 알게 될 거야.

뭘 보게 될 것이라는 뜻일까요? '네가 한 짓이 어떤 결과를 불러일으키는지 곧 보게 될 것이다'라는, 경고의 의미가 담긴 표현입니다. 하지만 상황에 따라 '기대해'라는 긍정적인 의미로도 쓸 수 있답니다. 비슷한 표현으로, '두고 보자'고 말할 수도 있겠죠. "Let's see."

Come on! Come on!

RANK
107

빨리빨리!

앞에서 비슷한 표현을 배운 바 있습니다. 언제 배웠는지 잊어버렸다면 3위와 4위에 랭크되어 있는 표현을 다시 한 번 찾아보세요. 상대방이 서두르도록 재촉할 때도 이 표현을 사용할 수 있습니다.

How come?

RANK
108

어떻게 된 거야?

믿기 힘든 이야기를 들을 때면 자연스럽게 그 말에 대해서 다시 되물어 보고는 하지요. 그럴 때 쓰는 표현입니다. '왜?', '어떻게 그럴 수 있어?' 등 상황에 따라 다양한 의미로 쓸 수 있습니다.

RANK
109

RANK
110

RANK
111

RANK
112

I mean it.
RANK 109

진심이야.

자기 자신이 했던 말에 대해 다시 한번 강조할 때 쓸 수 있습니다. '셀프 맞장구'라고나 할까요? 그럴 때는 '진심이야'라는 의미로 쓰는 것이지요. 'I mean…'은 '내 말은…'이라는 의미로, 'You mean…'은 '그러니까 네 말은…'이라는 의미로 많이 쓰입니다.

That's something.
RANK 110

뜻밖이다.

'something'에는 '대단한 것', '중요한 것'이라는 뜻도 있습니다. 전혀 생각지도 못했던 소식을 들었거나 어떤 놀라운 상황을 겪었을 때 쓸 수 있는 표현입니다. 'That's really something'이라고 한다면 '그건 정말 대단해'라는 소리죠. 이 반대인 '그건 아무것도 아니야'라는 표현을 하고 싶다면 이렇게 말합니다. "That's nothing."

Up to you.
RANK 111

네 맘대로 해.

'너에게 달려 있으니 네 마음대로 해라'라는 뜻의 표현입니다. 상대방을 배려하는 표현처럼 보이지만 사실 귀찮은 결정을 미룰 때 더 자주 쓰이는 표현인 것 같네요. 점심 메뉴를 고를 때처럼요. 비슷한 표현으로는 이런 것들이 있습니다. "Your choice.(너의 선택이야.)" "You choose.(네가 선택해.)" "It depends on you. (너에게 달려있어.)"

Are you free tonight?
RANK 112

오늘 밤에 시간 있니?

친구와 약속을 잡거나 데이트 신청을 할 때 유용하게 쓸 수 있는 표현일 것 같네요. 'free'는 '자유로운'이라는 뜻이지만, 시간에 대해서 이 단어를 쓸 때는 '한가한'이라는 뜻이 됩니다. 만약, '나 오늘 한가해'라고 대답하고 싶을 때는 이렇게 말합니다. "I'm free today." 또는, "I'm off today.(오늘 쉬는 날이야.)"

RANK 113

RANK 114

RANK 115

RANK 116

It's just between us.

RANK 113

우리끼리니 하는 말인데.

비밀스러운 이야기를 할 때는 본론에 앞서 먼저 이렇게 이야기하세요. 하지만 정말 아무도 알아서는 안 되는 비밀이라면 애초부터 입 밖으로 꺼내지 않는 것이 좋겠지요. 세상에 영원한 비밀은 없는 법이니까요. '우리끼리'와 같은 표현은 'between you and I(너와 나 사이에)', 'among us(우리들(셋 이상) 사이에)'가 있어요.

Now that you mention it...

RANK 114

말이 나온 김에…

스스로 말하기는 민망하거나 조금 어려운 이야기가 있잖아요. 그런 이야기를 상대방이 먼저 꺼내었을 때 쓸 수 있는 표현입니다. '네가 먼저 말하니까 하는 말인데' 정도의 뉘앙스가 들어있는 표현이라고 생각하시면 됩니다.

Bite me.

RANK 115

어쩔래! (배 째.)

상대방에 대한 불만을 다소 공격적으로 드러내는 표현입니다. 직역하면 '나를 물어'라는 뜻인데요, 설마 그렇다고 해서 정말 물어버리지는 않겠지요? 나를 어지간히도 싫어하는 사람이 아니라면요. 미친 사람이거나요.

Bottoms up!

RANK 116

원 샷!

'bottom'에는 '바닥'이라는 뜻 외에 '엉덩이'라는 뜻도 있습니다. 엉덩이를 들라니, 무슨 뜻일까요. '자리에서 일어나 신나게 마셔보자'라는 뜻입니다. 건배 제의를 할 때 쓰는 표현이지요. 한국 식으로 하자면, "원 샷!"

RANK
117

RANK
118

RANK
119

RANK
120

Keep the change.

RANK
117

잔돈은 가지세요!

택시비를 지불하거나 물건값을 지불할 때 쓰는 표현입니다. '거스름돈은 주지 않으셔도 됩니다'라는 뜻으로 쓰는 말이지요. 주머니에 동전을 넣고 다니는 것을 싫어하는 사람이라면 이 표현을 요긴하게 쓸 수 있을 것 같네요.

That was close.

RANK
118

하마터면 큰일 날 뻔했어.

자동차를 주차하다가 하마터면 범퍼로 벤츠를 긁어버릴 뻔했네요. 그 정도로 가까워졌지만 다행히도 아슬아슬하게 비켜 지나갔군요. 그처럼 위험을 간신히 모면했을 때 쓰는 표현입니다. 비슷한 의미의 표현으로 'That was a close call'이 있습니다.

Typical James.

RANK
119

제임스가 그렇지 뭐.

평소 습관이나 성격에 딱 들어맞는 행동을 하는 사람을 가리키는 표현입니다. '전형적인'을 뜻하는 단어인 'typical'을 'tipical'이라고 표기하기도 하니 알아두세요. 아 참! James는 그냥 넣어본 이름이니까, 바꿔서 사용하세요.

You look 20.

RANK
120

너는 스무 살로 보여.

이런 말을 듣는다면 정말로 기분이 좋겠지요! 당신이 스물다섯이나 여섯쯤 되었다면 말이에요. 'You look~'표현을 써서 이렇게 말할 수도 있겠네요. "You look young.(너 젊어 보여.)" "You look young in the picture.(사진이 더 젊어 보이네.)"

RANK
121

RANK
122

RANK
123

RANK
124

I don't want to bother you. RANK 121

나는 당신을 방해하고 싶지 않아요.

누군가가 은밀하게 어떤 일을 하고 있는 현장을 목격했을 때 하는 말이냐고요? 그보다는, 자신에게 어떤 배려를 해 주는 상대방에게 괜찮다는 사양의 의미로 할 수 있는 표현입니다. 불편을 끼치면서까지 도움을 받고 싶지는 않다는 것이지요. 간단히 'Don't bother(굳이 귀찮게 그러실 필요 없습니다)'라고 말할 수도 있습니다. 만약, 'Don't bother me'라고 한다면 '날 귀찮게 하지 마세요'라는 의미가 되어버리니 주의하세요!

I have been busy. RANK 122

좀 바빴어.

지금까지 한창 바빴다가 슬슬 여유가 생길 때 즈음 쓸 법한 말이에요. 이런 표현들도 있지요. "I was busy.(그때 바빴어.)" "I have been busy.(지금껏 쭉 바빴어.)"

I hope this helps. RANK 123

내가 도움이 된 건지 모르겠다.

친구가 가위를 빌려달라고 하는데, 안타깝게도 칼밖에 없네요. 혹시 모르니 그거라도 일단 건네줘 보세요. 그리고 건네줄 때 이 표현을 사용해 보세요. '이거라도 괜찮으면 좋겠다'는 뜻의 표현입니다.

I'll see what I can do. RANK 124

제가 뭘 도울 수 있는지 볼게요.

도움을 줄 때 쓰는 표현입니다. 하지만 상대방이 원하던 것을 해 주겠다는 것은 아니고요, 그것은 해주지 못하지만 대신 다른 것을 한번 찾아보겠다는 의미이지요.

RANK 125

RANK 126

RANK 127

RANK 128

Instead of you.

RANK 125

너 대신.

'instead of'는 '무엇 대신에'라는 뜻의 표현입니다. 다른 사람을 대신해서 해 줄 수 있을만한 일에는 어떤 것이 있을까요. 음, 대신해서 휴가 가기? 대신해서 맛있는 음식 먹으러 가기?

Is this the right way to say it?

RANK 126

이게 적당한 표현인가요?

영어로 대화를 하다 보면 지금 하고 있는 말이 제대로 된 표현인지 긴가민가 할 때가 종종 있습니다. 그럴 때면 이렇게 다시 한 번 물어보세요. 잘못된 표현 때문에 괜한 오해를 살 수도 있잖아요.

It's not worth it.

RANK 127

이건 그만큼 가치 있지 않아요.

여행을 다녀온 친구가 딱 보기에도 볼품없는 물건을 기념품이랍시고 사왔네요. 그것도 거금을 주고서 말이에요. 그럴 때 이 표현을 사용할 수 있습니다. 물건의 가치를 평가할 때뿐만 아니라 어떤 일이나 행동에 대해서 평가할 때도 쓸 수 있는 표현입니다.

Not that I know of.

RANK 128

내가 아는 한은 없어.

'It is not true that I know of'를 간략하게 줄인 표현이라고 생각하시면 됩니다. '내가 알기로는 그렇지 않다'는 의미의 표현이지요. "누구 또 오기로 한 사람 있어?" "내가 알기로는 없어."

RANK 129

내가 바라는 건 그것뿐이야.

RANK 130

큰 것인가요 아니면 작은 것인가요?

RANK 131

해 될 것은 없어.

RANK 132

친구 좋다는 게 뭐야?

That's all I want.

RANK 129

내가 바라는 건 그것뿐이야.

간절히 바라는 물건이나 꼭 일어났으면 하는 일이 있나요? 그렇다면 이 표현을 써서 마음을 확실하게 전달해 보세요. 'That's all~'을 사용해서 이렇게 말할 수도 있어요. "That's all I need. (그게 나에게 필요한 전부야.)" "That's all we have.(그게 우리가 가진 전부야.)"

The big one or the small one?

RANK 130

큰 것인가요 아니면 작은 것인가요?

둘 중 하나를 선택해야 하는 상황에서 다양하게 활용할 수 있는 표현입니다. 이런 식으로요. "The black one or the white one?(검정 것 아니면 흰 것?)" "The bigger one or the smaller one?(더 큰 것으로 드릴까요 아니면 더 작은 것으로 드릴까요?)"

There is no harm.

RANK 131

=It's not harmful.

해 될 것은 없어.

처음 가보는 곳을 찾아갈 때, 무턱대고 이정표만 보고 찾아가기보다는 지나가는 사람들에게 물어 보기도 하는 것이 좋겠지요. 그렇게 한다고 해서 해가 될 것은 없잖아요.

What are friends for?

RANK 132

친구 좋다는 게 뭐야?

여러 의미로 쓸 수 있지만, 주로 '내가 있으니 걱정 마', '내가 해줄 테니 걱정하지 마' 등의 의미로 쓰는 표현입니다. 이렇게 응용해서 쓸 수도 있어요. "What are brothers for?(형제 좋다는 게 뭐야?)" "What is money for?(돈은 무엇을 위한 것인가.)"

RANK 133

RANK 134

RANK 135

RANK 136

What's bugging you?

RANK
133

무엇이 너를 괴롭게 하니? (무슨 일이 있니?)

'bug'는 '괴롭히다'라는 뜻의 단어입니다. 안색이 어두운 친구가 있다면 이렇게 물어봐 보세요. 비슷한 의미의 표현으로 'What's biting you?'가 있습니다.

While I am staying here...

RANK
134

제가 여기 머무는 동안…

어딘가에 잠시 머물러 있을 때나 여행지에 있을 때 쓰게 될 것 같은 표현이네요. 'while you are sleeping(당신이 잠든 사이에)'이나 'while we are arguing(우리가 다투는 사이에)'처럼 응용해서 쓸 수도 있어요.

You should have.

RANK
135

그랬어야지.

진작 했어야만 할 일을 미루고 미루다가 뒤늦게야 그 일을 하느라 허둥지둥하는 친구에게 쓸 수 있는 표현입니다. 'You should have~'를 사용해서 이렇게 말할 수도 있어요. "You should have said that.(그 말을 했어야지.)" "You should have known that.(그걸 알았어야지.)"

Grow up!

RANK
136

철 좀 들어라!

이런 사람은 어딜 가나 꼭 있죠. 나잇살 꽤나 먹고도 남에게 피해를 주면서 눈치 없이 행동하는 사람들 말이에요. 그런 사람에게 해 줄 수 있는 말입니다. 비슷한 표현으로는 이런 것들이 있습니다. "Be adult.(어른스럽게 행동해.)" "Act your age.(나잇값 좀 해.)"

RANK
137

RANK
138

RANK
139

RANK
140

I dumped him.

RANK 137

그 남자 차 버렸어.

남자가 바람이라도 피웠나 보지요? 아니면 여자에게 크게 잘못한 것이 있거나요. 음, 하지만 남자가 차이는 데 꼭 그렇게 큰 이유만 필요한 것은 아니더라고요. 말도 안 되게 사소한 일로 차일 수도 있고요. 여자의 마음은 알 수가 없는 것이니까요.

I got dumped.

RANK 138

나 차였어.

'dump'에는 '쓰레기를 버리다'라는 뜻이 있습니다. '무책임하게 버리다'라는 뜻으로도 사용되지요. 어떤 뜻을 따르든, 쓰레기처럼 혹은 무책임하게 버려졌다고 하니 상당히 비참해 보이는 표현이네요. 반대로 '내가 그를 찼어'라고 하려면 'I dumped him'이라고 표현하면 됩니다.

Are you in line?

RANK 139

(당신은) 줄 서서 기다리고 계신가요?

테이크아웃 전문 커피숍이나 사람이 붐비는 화장실에 갔을 때 자주 쓰게 될 것 같은 표현이네요. 새로 나온 아이폰을 출시 첫날에 사러 갔을 때나요. '이게 줄인가요?', '지금 줄 서있는 건가요?'라는 의미의 표현입니다.

Do it your way.

RANK 140

네 방식대로 해.

일을 어떻게 해야 할지 물어보는 사람에게 대답으로 해 줄 수 있는 말입니다. '네 뜻대로 해라, 하고 싶은 대로 해라'라는 뜻이지요. '내 방식대로 할 거야'라고 하려면 'your'만 'my'로 바꾸어 말하면 됩니다. "I will do it my way."

RANK
141

RANK
142

RANK
143

RANK
144

Fair enough.

RANK **141**

그 정도면 공평하네.

'fair'는 '공정한, 공평한'이라는 뜻을 가지고 있습니다. 만약, 'fair하지 않다'고 반박하고 싶다면 이렇게 말하면 됩니다. "It's unfair!/That's not fair!(이건 불공평해!)"

Don't play coy.

RANK **142**

내숭 떨지 마.

'coy'는 '수줍어하는', '내숭을 떠는'이라는 뜻의 단어입니다. 평소답지 않게 수줍어하는 사람에게 쓸 수 있는 표현이지요. 다 알면서도 모르는 척 잡아떼고 있는 상대방에게, '괜히 모르는 척하지 마'라는 뜻으로도 쓸 수 있는 말입니다.

He has a big mouth.

RANK **143**

그는 입이 싸.

입이 크다고 해서 정말 말도 더 많아질 리는 없을 겁니다. 농담이 섞인 비유적인 표현이지요. 직설적으로 표현하자면 'He talks too much', 즉 '그는 말이 너무 많아'라고 하면 됩니다.

I am scared.

RANK **144**

무서워.

'겁먹게 하다'라는 뜻의 'scare'를 이용한 표현이에요. 이 밖에도 이런 표현들이 있죠. "It scares me.(이건 날 무섭게 해.)" "It is scary.(이건 무서워.)"

RANK 145

RANK 146

RANK 147

RANK 148

I get carsick.

RANK
145

저 차멀미 해요.

차가 아프다는 말은 당연히 아니겠죠? 차 때문에 아프다는 뜻이겠지요. 비행기 멀미는 'airsick'이라고 합니다. 뱃멀미는 'seasick'이라고 하죠. 'shipsick'이 아니니까 주의하세요.

I have no excuse.

RANK
146

변명의 여지가 없어.

어떤 변명도 통하지 않을 정도로 끔찍한 실수를 저질렀다고요? 그럴 땐 괜히 이런 저런 변명을 늘어나 보았자 상대방의 화만 더 돋울 뿐입니다. 그냥 솔직하게 말하고 사과를 하는 편이 더 낫지요. 이런 표현을 쓰면서요.

I have one condition.

RANK
147

한 가지 조건이 있습니다.

'condition'은 보통 '상태', '환경'이라는 뜻으로 쓰이지만 '조건'이라는 뜻도 있습니다. 약속을 하거나 계약을 하면서 조건을 붙여야 하는 상황이 생겼을 때 쓰는 표현입니다. "노트북을 사 달라고? 조건이 있어. 이번 시험에서 성적이 오르면 사 주든지 할게."

I'll take you home.

RANK
148

내가 집까지 데려다줄게.

'데려다줄게'라는 표현 말고 '데려다줄래?'라는 표현을 쓰고 싶다면, 이렇게 말해보세요. "Will you take me there?(나 좀 데려다줄래?)" "Can you give me a ride.(나 좀 태워줄래?)"

RANK
149

RANK
150

RANK
151

RANK
152

Is it my fault?

RANK 149

내 잘못이야?

억울한 일을 당했을 때 쓰는 표현입니다. 내가 한 일도 아닌데 괜히 누명을 써서 혼이 날 때 '내 탓이 아니야'라는 뜻으로 쓰는 말이지요. 비슷한 표현으로는 'Is it me?'가 있어요. '내가 문제야?'라는 말이죠. 반면, 자신의 잘못이 맞을 때는 'It is my bad'라고 합니다. '내 잘못이야'라는 뜻이죠.

It's a done deal.

RANK 150

그러기로 한 거야.

'done deal'은 '마무리된 일' 정도의 의미로 보시면 됩니다. 이미 끝난, 어떻게 하기로 결정을 내려 더 이상의 여지가 없는 일에 대해서 이야기할 때 쓸 수 있는 표현입니다. "이번 여행은 포기해. 그러기로 한 거잖아."

Just bring yourself.

RANK 151

몸만 오세요.

파티나 모임에 누군가를 초대할 때 쓰는 말입니다. 다른 것 준비할 필요 없이 그저 당신만 오면 된다는 뜻의 표현이지요. 이렇게 말할 수도 있습니다. "Come empty handed.(빈손으로 와.)"

She's choosy.

RANK 152

그녀는 참 까다로워.

'choose'는 '고르다'라는 뜻이지요. 무엇인가를 고를 때 가리는 것이 많고 까다로운 사람을 가리키는 표현입니다. 'She's picky'라고 해도 비슷한 의미의 표현이 됩니다.

RANK 153

RANK 154

RANK 155

RANK 156

This is a mess.

RANK **153**

=It's messed up.

엉망진창이군요.

동생 방을 들어갈 때면 이런 말이 저절로 나오지 않나요? 특히나 그 동생이 게으른 게임광이라면요. 침대 위에는 옷들이 잔뜩 쌓여있고, 책상 위에는 국물만 남아있는 컵라면이며 빈 음료수 캔들이 사방에 널려있겠지요.

You saved my face.

RANK **154**

당신 덕분에 체면이 섰어요.

누군가 덕분에 위기를 모면했을 때, 체면을 살렸을 때 쓰는 표현입니다. 반대로 체면을 구겼을 때는 이렇게 말합니다. "You lost my face." 가령, 술집에 같이 간 친구가 행패를 부려 술집에서 쫓겨나게 되었을 때 그런 표현을 쓰게 되겠지요.

Can you translate this?

RANK **155**

번역해 주시겠어요?

'Can you translate~?'이라는 표현은 이렇게 응용해서 쓸 수도 있어요. "Can you translate this song?(이 노래 해석 좀 해줄래?)" "Can you translate this picture?(이 그림 설명 좀 해줄래?)"

The milk has gone bad.

RANK **156**

우유가 상했어.

여기서 'go bad'는 '(음식 등이) 상하다'라는 뜻입니다. 음식이 상했다고 말할 때 대부분 이렇게 말합니다.

RANK
157

RANK
158

RANK
159

RANK
160

Call a guy.

RANK 157

수리하는 사람 불러야겠네.

잘 못하는 일을 괜히 한번 해보겠다고 나서서 망치지 마세요. 전문가가 괜히 있는 것이 아닙니다. 도배를 하든, 컴퓨터를 고치든, 배관 수리를 하든 해 본 일이 아니라면 처음부터 사람을 불러 해결하세요. 괜히 만져서 사태만 더욱 나빠지게 만들기 전에요.

First of all...

RANK 158

첫째로…

여러 가지를 나열해 가며 이야기를 하려 할 때, 그중 첫 번째에 대해서 이야기하기 전 말머리에 붙여 사용하는 표현입니다. 비슷한 표현으로는 'at first(처음에는, 초기에는)'와 'for the first time (처음으로)'이 있어요.

I'll tell you what.

RANK 159

이러면 어떨까?

'실은 할 말이 있다'라는 식으로 넌지시 이야기를 꺼내거나 어떤 제안을 하려 할 때 쓸 수 있는 표현이에요. 흥정을 할 때도 요긴하게 쓰일 수 있을 것 같은 표현이네요. "그럼 이렇게 하는 건 어떨까요. 티셔츠를 한 장 더 살 테니, 가격을 조금 더 깎아주세요."

Keep in touch!

RANK 160

연락하면서 지내자!

헤어질 때 작별 인사 대신 쓸 수 있는 표현입니다. 주로 멀리 떠나는 사람이나 평소에 쉽게 만나기는 힘든 사람에게 쓰는 표현이지요. 비슷한 표현으로는 'Update me'가 있어요. '소식 전해줘'라는 뜻이죠.

RANK
161

RANK
162

RANK
163

RANK
164

What took you so long?

RANK 161

왜 이렇게 오래 걸렸어?

우리말로 그대로 옮기면 '무엇이 너를 그렇게 오래 붙잡아 두었니'정도의 의미가 될 것 같네요. 약속시간에 맞춰 오지 못하고 늦은 친구에게 쓸 수 있는 표현입니다. 이런 말은 되도록이면 듣지 않도록 하는 것이 좋겠지요.

Let's eat out.

RANK 162

외식하자.

자주 쓰는 표현이라기보다는 자주 '쓰고 싶은' 표현이라고 하는 것이 더 그럴듯해 보일지도 모르겠네요. '밖에 나가 식사를 하자' 즉, '외식하자'라는 뜻의 표현입니다.

Let's see.

RANK 163

글쎄요. / 한번 볼까요?

병원에 가면 의사 선생님에게 이런 표현을 자주 듣지 않나요? 어떤 상태나 사물을 직접 보자는 의미로도 쓰이지만, 생각을 하거나 무엇을 기억해 내려 할 때 '글쎄…'라는 의미로도 쓰는 표현입니다. "글쎄… 그때 시간이 되는지 스케줄을 확인해 보아야겠어."

It could be.

=It could be possible.

RANK 164

그럴 수도 있지.

뭔가 생각지 못했던 갑작스러운 내용을 들었지만 곰곰이 생각해보니 뭐 그랬을 수도 있겠구나 싶은 경우가 있죠? 고개를 끄덕이며, 혹은 턱을 만지작거리며 말해보세요. "음… 그럴 수도 있겠군."

RANK
165

RANK
166

RANK
167

RANK
168

Out of nowhere... RANK 165

=Suddenly…

느닷없이.

'갑자기, 느닷없이'라는 뜻의 표현입니다. 저는 빨래를 해서 옥상에 널어 두기만 하면 갑자기 마른하늘에서도 비가 쏟아지고는 하더라고요. 거짓말 같지만 사실입니다. 건조기라도 하나 사야겠어요.

Did it work? RANK 166

성공했어?

일의 성공 여부에 대해서 물을 때 사용하는 표현입니다. 기계나 시스템의 작동 여부에 대해서도 이렇게 물어볼 수 있겠지요. 제대로 될 때는 'Yes, it worked', 그 반대의 경우에는 'No, it didn't work'라고 대답하면 됩니다.

Don't be late. RANK 167

늦지 마.

약속 시간에 늦은 사람에게 쓰는 표현입니다. 'Be prompt'와 같은 의미의 표현이지만 그보다는 조금 더 정중하고 엄격한 표현이지요.

I had no choice. RANK 168

=I had to.

어쩔 수 없었어.

이미 저질러 버린 일에 대한 핑계로 흔히 쓰는 표현이지요. 정말 선택의 기회가 없어 어쩔 수 없었던 것일 수도 있지만요. 이렇게 말할 수도 있습니다. "That was all I could do.(다른 할 수 있는 게 없었어.)"

RANK
169

RANK
170

RANK
171

RANK
172

It's now or never.

RANK 169

=It's the only chance.

지금 아니면 끝이야.

마지막 기회를 잡았을 때 쓰는 말입니다. '지금이 아니면 다음 기회는 절대 없을 것이다'라는 뜻이지요. 비슷한 뜻의 표현인 'It's your last shot'도 알아두세요.

Just name it.

RANK 170

말만 해.

이런 표현을 자주 쓰는 친구가 주변에 있다면 참 좋겠지요. '무엇이든지 들어줄 테니 말만 해라'라는 뜻의 표현입니다. "내 과제 좀 대신해 줄 수 있겠어?" "말만 해!"

Maybe, maybe not.

RANK 171

그럴 수도 있고 아닐 수도 있지.

이 표현을 자주 쓴다면 우유부단한 사람이라는 소리를 들을지도 모르겠네요. 상대방의 말이나 질문에 대해 어물쩍 넘어갈 때 쓸 수 있는 표현입니다. 질문에 대한 답을 잘 모르겠거나 이도 저도 아닐 때, 아예 관심도 없을 때 이런 대답을 하고는 하지요.

My phone doesn't work.

RANK 172

=My phone is broken.

내 전화가 안 돼. (고장 났어.)

'It doesn't work'는 '고장 났다'는 뜻이에요. 그렇다면 'It works'는 무슨 뜻일까요? '고장 났다'는 말의 반대인 '작동한다'라는 뜻이겠죠. 그런데, '효과가 있다'라는 뜻도 가지고 있어요.

RANK
173

RANK
174

RANK
175

RANK
176

Turn it down.

RANK 173

그냥 거절해.

전혀 다른 두 의미가 담긴 표현이니 주의하세요. '거절해 버려'라는 뜻도 있지만, 보통은 '소리를 줄여달라'라는 의미로 쓰이지요. '소리를 올려'라고 하려면 'turn (it) up'이라고 하면 되지만, 이 표현에는 '승낙해라'라는 뜻은 없답니다.

Can I leave a message?

RANK 174

제가 메시지 하나 남길 수 있을까요?

원하는 사람과의 통화가 이루어지지 않았을 때, 꼭 전달해야 하는 말이 있다면 이 표현을 사용해서 부탁해 보세요. 전화를 받고 있는 이에게 조금 더 직접적으로 부탁을 하고 싶다면 'Can you take a message?'라고 하면 됩니다.

Please keep this seat for me.

RANK 175

이 자리 좀 맡아주세요.

힘들게 찾아 앉은 자리인데 잠깐 자리를 비운 사이에 다른 사람이 차지해 버린다면 많이 아쉽겠지요. 그런 상황을 방지하기 위한 표현입니다. 기다리는 사람이 많은 곳에서는, 그리고 오랜 시간 동안 자리를 비우는 것이라면 쓰기 조금 미안한 표현일 수도 있겠네요.

Moreover...

RANK 176

게다가…

'moreover'는 'more'와 'over'를 붙여 쓰는 한 단어입니다. 생김새로 보아 살짝 추측할 수 있듯이 무언가 더해진 상황을 나타냅니다. 좋은 일이 겹치면 금상첨화, 나쁜 일이 겹치면 설상가상의 의미가 되지요.

RANK
177

RANK
178

RANK
179

RANK
180

Let's face it.

RANK 177

이 상황을 직시해.

현재 처해있는 상황을 제대로 마주 보지 못하고 회피하려고만 하는 사람들, 오로지 꿈만 꾸는 사람들은 도리어 절대 그 꿈을 이룰 수 없지요. 외면하지 않고 현실을 직시해야만 꿈을 향해 나아갈 수 있는 길이 열릴 수 있는 법입니다. 이 표현의 의미를 언제나 꼭 명심하세요.

You're quick.

RANK 178

너는 눈치가 빨라.

'quick'은 '재빠르다', '신속하다'라는 뜻의 단어입니다. 말 그대로 동작이나 행동이 신속한 사람을 뜻하기도 하지만, 두뇌회전이 빠르고 눈치가 좋은 사람을 가리켜 이렇게 표현하기도 합니다. 하긴 눈치가 좋아야 행동도 빠릿빠릿할 수 있을 것 같네요.

After you.

RANK 179

=I will go later.

먼저 하세요.

순서를 양보할 때 쓰는 표현입니다. 여성분에게 말할 때는 보통 'Lady first'라고 말하지만, 이 표현은 여성뿐만 아니라 남녀노소 누구에게나 쓸 수 있는 표현이에요.

Is that so?

RANK 180

그랬어?

친구들과 대화를 하다 보면 흔히 쓰게 되는 표현 중의 하나입니다. 일부러 의식하고 하는 말이라기보다는 대화 도중 나도 모르게 추임새처럼 내뱉는 경우가 많지요. 비슷한 표현으로 'Oh, really?'가 있습니다.

RANK 181

RANK 182

RANK 183

Are you doing good?
잘 돼 가고 있어?

RANK 184

Just about.

=almost.

RANK 181

거의 그래요.

"이번 시험 잘 봤어? 몇 점이나 나왔는데? 80점?" "음… 응, 대충 그 정도야." 이처럼 상대방의 말이 사실과 얼추 비슷하거나 정확하게 들어맞을 때 쓸 수 있는 표현입니다.

Nothing much.

RANK 182

별일 없어.

'없다'는 의미가 담긴 단어와 '많다'는 의미가 담긴 단어가 나란히 함께 쓰여있네요. '많을 게 없다'라고 하면 이 표현에 대해 감이 조금 잡히시나요? '무슨 일 있니? 뭐 하고 지냈니?'처럼 안부를 묻는 말에 대한 대답으로 쓸 수 있는 표현입니다.

So so.

RANK 183

그냥 그래.

'어떻게 지내니?'라는 물음에 언제까지나 'Fine, thanks, and you?'라고만 대답할 수는 없는 거잖아요. 이제 이런 표현도 써 보세요. '좋지도 나쁘지도 않다'라는 의미가 담긴 표현입니다. '영화 어땠어? 재밌었어?'와 같은 질문의 대답으로도 쓸 수 있습니다. "그 영화? 그냥 그랬어."

What the...

RANK 184

이런…

'What the hell is going on'의 줄임말입니다. 'hell'이 그다지 좋은 말이 아니므로 'What the'까지만 줄여서 쓰곤 하죠. 어이없는 일, 황당한 일, 순간적으로 너무 화가 나서 말도 잘 안 나오는 일 등등. 그런 일들을 당했을 때 짜증이나 놀람을 표현하는 말입니다.

RANK
185

RANK
186

RANK
187

RANK
188

I'm in a hurry.

RANK
185

나 급해.

성질이 급한 사람들은 이 표현을 입에 달고 살지요. 일을 할 때도, 식당에 가서도, 심지어는 휴식을 취할 때도 이렇게 외칩니다. "나 급하니까 조금만 쉬고 빨리 나가자고!"

I'd like to book a room.

RANK
186

=I'd like to make a reservation.

방을 예약하고 싶은데요.

'book'이라고 하면 '책'이라는 뜻을 먼저 떠올리시겠지만 이 단어에는 '예약하다'라는 뜻도 있습니다. 호텔에서 자주 쓰게 될 표현이네요. 특히나 사람이 붐비는 성수기나 연휴에는 꼭 미리 예약을 해 두는 것이 좋겠지요.

All yours.

RANK
187

다 네 거야.

'Suit youself'나 'After you'와 비슷한 의미가 담겨 있는 표현입니다. 상대방을 배려하는 상황에서라면 어떤 상황에서든지 쓸 수 있는 표현이지요.

Is that it?

RANK
188

그게 다야?

거창하게 일을 벌일 것처럼 굴더니 시시하게 끝내버리면 정말 허무하지요. 그런 경우에 쓸 수 있는 표현입니다. '그게 전부야? 시시하게 벌써 끝이야?'라는 뜻이지요. 만약 '끝이야'라고 대답하고 싶다면, 이렇게 대답하면 됩니다. "That's it."

RANK
189

RANK
190

RANK
191

RANK
192

Let it go.

RANK
189

잊어버려.

이미 지나간 일, 이미 벌어져 주워 담을 수 없는 일에는 더 이상 집착하지 않고 내버려 두는 것이 정신 건강에 이롭습니다. '그만하고 포기해, 단념해'정도의 의미를 가진 표현입니다. 붙잡지 말고 가면 가도록 내버려 두라는 것이지요.

Maybe later.

RANK
190

아마도 다음번에요.

어떠한 일을 '다음 기회로 미루자'라고 할 때 쓰는 표현입니다. 그렇다고 해서 다음에는 '정말로' 가능하다는 뜻은 아닙니다. 나중이라고 해서 될지 안될지는 모르지만 지금은 일단 미루자는 의미이지요. 말하자면 조금은 의례적인 표현이라고도 볼 수도 있겠네요.

Who knows?

RANK
191

혹시 알아?

누가 알까요? 뜬금없는 질문처럼 보이는 표현이지만, 사실은 질문에 대한 대답까지도 함께 내포하고 있는 표현입니다. 그 대답은, 우리 식으로 표현하자면 '며느리도 몰라' 정도가 되겠네요. '그건 아무도 모르지'라는 뜻의 표현입니다. 질문처럼 보이는 표현 대신 말 그대로 '아무도 모른다'고 말하고 싶을 땐 'Nobody knows'라고 말합니다.

He's mean.

RANK
192

그는 못된 사람이야.

인색하고 쩨쩨한 사람, 성질이 나쁜 사람을 'mean'이라고 표현하기도 합니다. 남자친구에게 실연을 당해 울고 있는 친구가 있다면 이런 말로 위로를 해 줄 수도 있겠지요. "잘 헤어진 거야. 그 남자, 아주 못된 사람이라니까."

RANK 193

RANK 194

RANK 195

RANK 196

I got a hangover.

RANK 193

=I'm hungover.

나 숙취가 있어.

대학에서든 직장에서든 일주일 중 이삼일은 이 표현을 입에 달고 사는 사람, 꼭 한 명쯤 있지 않나요? 그게 혹시 당신인가요? 숙취에는 토마토 주스가 좋다고 하네요. 참고하세요.

Let's unpack first.

RANK 194

우선 짐부터 풀자.

'pack'은 '짐을 싸다'는 뜻의 단어입니다. 여기에 부정을 하거나 반대의 의미를 나타내는 접두사 'un'이 붙으면 당연히 '짐을 풀다'라는 뜻이 되겠지요.

Put yourself in my shoes.

RANK 195

내 입장이 되어 보세요.

하이힐을 신고 나왔는데 남자친구가 눈치 없이 자꾸 걸어가자고만 하면 정말 짜증이 나겠지요? 그럴 때면 이렇게 외치고 싶을 겁니다. "네가 이 신발 신고 한번 걸어보든가!" 그처럼 자기 입장만 생각하거나, 자기 일이 아니라고 함부로 이야기하는 사람이 있다면 이렇게 말해보세요.

Don't talk back.

RANK 196

말대꾸하지 마.

아마도 엄마들이 가장 많이 쓰는 표현 아닐까요? 한창 사춘기를 겪고 있는 아이를 둔 엄마들 말이에요. 사춘기를 반항적으로 보내는 아이들은 엄마의 잔소리 하나하나에 다 말대꾸를 하고는 하잖아요. 물론, 저는 그렇지 않았습니다만….

RANK 197

RANK 198

RANK 199

RANK 200

I'm nervous.

RANK
197

나 긴장돼.

처음 그 순간들을 기억하시나요? 생애 첫 발표라거나, 생애 첫 소개팅이라거나. '처음'을 앞에 두고 있을 때는 누구라도 긴장을 하기 마련이지요. 그럴 때면 긴장을 속으로 삭이기만 하기보다는 이렇게 말로 표현해보세요. 어쩌면 마음이 한층 가벼워질지도 모릅니다.

Just my luck.

RANK
198

내 팔자지 뭐.

좋지 않은 일이 생겼을 때 할 수 있는 말입니다. 다소 비관적인 표현이네요. 하지만 이렇게 말하기 전 다시 한 번 자신을 돌아보는 것은 어떨까요. 정말 할 수 있는 일은 다 해 본 것인지 말이에요.

Mind your own business.

RANK
199

참견 말고 네 일에나 신경 써!

'내 일에는 관심 끄고 네 일에나 신경 써라'라는 뜻의 표현이지요. 이렇게 말할 수도 있습니다. "None of your business." "Stick your nose on your own business." 우리가 흔히 쓰는 말로 하자면, 이거죠. "너나 잘하세요."

Not a chance.

RANK
200

어림없지.

누군가 어설프게 속이려 들 때, 혹은 어림도 없는 도전을 해오는 상대에게 해줄 수 있는 표현이지만 사실 혼잣말에 가깝습니다. 비슷한 표현으로 'Nice try'가 있죠. '시도는 좋았어'라는 의미입니다. 또는, 이렇게 말할 수도 있습니다. "It's not gonna work.(그렇게 되지 않을 거야.)"

RANK 201

RANK 202

RANK 203

RANK 204

Wish me luck.

RANK
201

행운을 빌어 줘.

응원이 필요한 일이 있을 때 주변 사람에게 이렇게 말해보세요. 중요한 시험이나 발표를 앞두고 할 수 있는 말입니다. 반대로, 응원이 필요한 사람에게는 이렇게 말해주세요. "I will wish you luck.(행운을 빌어줄게.)" "I will cross my fingers for you.(행운을 빌어줄게.)"

Do whatever you want.

=Suit yourself.

RANK
202

네 맘대로 해.

데이트할 때마다, '오늘은 뭐 하고 놀지?'라고 물을 때마다 이런 대답만 하는 사람. 가끔이야 편하게 느껴질 수도 있지만 만날 때마다 그런 식이라면 재미없겠지요. 상대방을 편하게 배려해 주는 것도 좋지만 그게 너무 지나치면 매력이 없어 보일 수도 있답니다.

Don't blame me.

RANK
203

내 탓 하지 마.

모두가 함께하던 일이라면, 그 일이 잘못되었다고 해도 꼭 누구의 잘못이라고는 할 수 없죠. 그런데 유독 나 한 명에게만 비난의 화살이 돌아온다면 써볼 수 있는 표현입니다. 'It's not my fault'라고 쓰기도 합니다.

Don't get me wrong.

=Don't misunderstand me.

RANK
204

내 말뜻 오해하지 마.

어떤 말을 하기 전에 혹은 하고 나서 '내 말을 오해하지 마'라고 할 때 쓰는 표현입니다.

RANK
205

RANK
206

RANK
207

RANK
208

Don't make excuses.

RANK 205

변명하지 마.

변명을 자꾸 하는 사람에게 '변명하지 마'라고 할 때 쓰는 표현입니다. 여기서 'make excuse'는 '변명하다'라는 뜻이에요.

Don't take it personally.

RANK 206

개인적으로 받아들이지 마.

직역하면 '개인적으로 받아들이지 마'라는 뜻입니다. '너한테 개인적인 감정이 있어서 하는 말은 아니야'라는 뜻에서 하는 말이죠. 비슷하게 아주 자주 쓰는 표현으로 'It's not personal'이 있어요.

Don't torture yourself.

RANK 207

너 자신을 괴롭히지 마.

지나가 버린 실수에 대해 집착하고 자책하다 보면 더 큰 일을 그르칠 수도 있지요. 스스로 저지른 잘못에서 헤어 나오지 못하고 있는 친구가 있다면 이렇게 말해주세요. 비슷한 표현도 있어요. "Don't beat yourself up." 원래 'beat up'은 '때리다, 구타하다'라는 뜻이지만, 여기선 너무 자책하는 사람에게 자주 쓰는 표현입니다.

He asked me out.

RANK 208

그가 내게 데이트 신청을 했어.

'ask out'은 '데이트를 신청하다'라는 뜻의 표현입니다. '사귀자고 하다'라는 뜻도 되지요. 'ask someone out (for dinner)'라고 하면, '(저녁 식사) 데이트를 신청하다'라는 뜻이죠. 비슷한 말로 'go out with someone'이라는 표현이 있습니다. 이런 식으로 쓰죠. "I'll go out with her.(나 그녀와 데이트할 거야.)"

RANK
209

RANK
210

RANK
211

RANK
212

He deserves it.

RANK
209

그는 그리될 만해.

긍정적인 의미로도, 부정적인 의미로도 쓸 수 있으므로 주의하세요. 긍정적 의미로는 자격이 있다는 말이고, 부정적 의미로는 자초한 일이라는 말이죠. "당해도 싸다!" 긍정적인 의미로도, 부정적인 의미로도 쓸 수 있다는 것에 주의하세요.

She never gets satisfied.

RANK
210

그녀는 결코 만족을 몰라.

'satisfy someone'은 '~를 만족시키다'라는 소리입니다. 이 표현에선 수동형인 'get (be) satisfied'가 쓰였으니, '만족되다'라는 뜻이겠죠?

He stood me up.

RANK
211

그는 나를 바람 맞췄어.

직역하자면 '그가 나를 서있게 했다'라는 뜻인데요, '바람을 맞았다'는 의미로 쓰는 표현입니다. 비슷한 의미의 표현으로 'He didn't show up'이 있습니다. 'show up'은 원래 나타나야 할 곳에 나타나지 않았다는 의미입니다.

He was bluffing.

=He's putting on an act.

그는 허풍 떤 거였어.

RANK
212

'bluff'는 '허세를 부리다'라는 뜻의 단어입니다. 그리고 포커 게임을 'bluff'라고 칭하기도 한다고 하네요. 포커는 내 운은 숨기고 상대방의 운을 읽어내는 게임, 나쁜 패를 들고서도 좋은 패를 들고 있는 양 허세를 부리는 일도 빈번하게 일어납니다.

RANK
213

RANK
214

RANK
215

RANK
216

How could you do this to me?

RANK 213

나한테 어떻게 이럴 수 있어?

믿었던 사람에게 실망스러운 일을 당했을 때 쓸 수 있는 표현입니다. 우리말도 비슷하죠. '네가 어떻게 나한테 이런 짓을 할 수 있어?'

How hard can it be?

RANK 214

그게 얼마나 어렵겠어?

이 표현을 의문문으로만 본다면 두 가지 대답을 할 수 있겠지요. '엄청 어려워' 혹은 '아냐 하나도 어렵지 않아'. 정말 어려운 일을 시도하려 하는 상대방을 걱정하는 표현으로도, 별것 아닌 일에 괜한 신경을 쓰는 상대방을 설득하거나 위로하는 반어적인 표현으로도 쓸 수 있는 말입니다.

I couldn't keep up with him.

RANK 215

나는 그를 따라잡을 수 없었어.

경쟁하는 관계의 대상에 대해 말할 때 쓰는 표현입니다. 함께 게임을 하는데 아무리 해도 항상 근소한 차이로 친구가 승리한다면 정말 분하겠지요. 'keep up with'는 '~와 보조를 맞추다'라는 뉘앙스입니다.

I have a headache.

RANK 216

두통이 있어요.

별로 상대하고 싶지 않은 사람이 함께 점심을 먹으러 가자고 권유하는군요. 그럴 때 이런 표현을 쓸 수 있습니다. 물론 다른 상황에서도 다양하게 응용 가능한 표현입니다. "나 머리 아파."

RANK 217

RANK 218

RANK 219

RANK 220

I have been there.

RANK 217

나도 다 겪어봤어.

직역하면 '나도 거기에 있어 봤다'는 뜻입니다. 실제 그곳에 가본 적이 있다는 뜻으로도 쓰지만, 여기서는 공감을 표하기 위해 '나도 겪어봤다'는 뜻으로 쓴 거죠. "I know. I was there, too!"

I made up with him.

RANK 218

나는 그와 화해했어.

'make up with'는 '~와 화해하다'라는 뜻입니다. 비슷한 뜻으로는 고전적인 표현인 'bury the hatchet'이 있습니다. "We buried the hatchet." 실생활에서는 'we made up'이라고 자주 씁니다.

I regret saying so.

RANK 219

그렇게 말한 거 후회해.

'regret' 뒤에 동사를 '~ing' 형태로 쓰면, '~한 것을 후회한다'는 표현입니다.

I thought she liked me.

RANK 220

그녀가 날 좋아하는 줄 알았어.

비슷한 말로는 'I thought she had feelings for me'가 있어요. 'have feelings for someone'이라는 표현은 '~에게 감정이 있다' 즉, '좋아하다'라는 뜻이에요.

답은 뒷장에

RANK 221

RANK 222

RANK 223

RANK 224

I thought we had a deal.

RANK 221

이야기가 끝난 줄 알았어.

'make a deal'은 '거래를 하다'라는 뜻입니다. 합의된 줄 알았는데, 상대의 말이나 행동이 합의된 내용과 달라질 때 쓸 수 있는 표현입니다.

I'm so proud of you.

RANK 222

난 네가 정말 자랑스러워.

주로 부모들이 자식들을 칭찬해줄 때 자주 쓰이고 여러 실생활에서도 굉장히 자주 쓰는 표현입니다. 'be proud of'는 '~을 자랑스러워 하다'라는 뜻입니다.

It is only a matter of time.

RANK 223

그것은 단지 시간문제야.

언제가 될지는 모르겠지만 분명히 일어나게 될 일을 가리키는 표현입니다. 우리말로는 '시간문제일 뿐이다'라는 말이죠. 응용하면, 이런 식으로 씁니다. "It's just a matter of time before we fails.(우리가 실패하는 건 시간문제야.)"

It won't happen again.

RANK 224

다신 이런 일 없을 거예요.

실수나 잘못을 한 뒤 '다시는 하지 않을게'라는 뜻으로 쓰는 표현입니다. 'I'll never do it again'이라고 할 수도 있지만, 영어식 사고로는 이렇게 씁니다.

답은 뒷장에

RANK 225

RANK 226

RANK 227

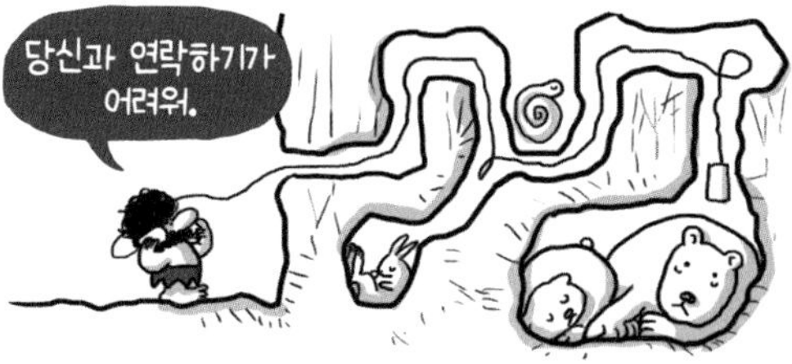

RANK 228

It's all or nothing.

RANK **225**

=It's a zero-sum game.

양단간의 결정이야. / 전부가 아니면 아무것도 필요 없어.

전부가 아니면 아무것도 아니라는 뜻이므로, 우리말로는 '모 아니면 도'라고 할 수 있습니다. 뭔가 큰 결심을 하고 밀어붙일 때 쓰는 표현입니다.

It's better than I thought.

RANK **226**

=It's better than I expected.

내가 생각했던 것보단 나아.

무언가가 예상한 것보다 좋을 때 쓰는 표현입니다. 아무런 정보 없이 직감으로만 선택했던 영화가 생각보다 재밌었을 때 이런 표현을 쓸 수 있겠죠.

It's hard to get to you.

RANK **227**

=Why don't you get the phone call?

당신과 연락하기가 어려워.

'get to' 뒤에 '장소'가 오면 '~로 가다, 도착하다'라는 뜻이고, 뒤에 '사람'이 오면 '~와 연락이 닿다'라는 뜻이 됩니다.

Tell me the simplest way.

RANK **228**

가장 간단한 방법을 말해 줘.

청소기를 새로 샀는데 사용설명서가 정말 형편없네요! 전원을 켜는 방법 하나 알려주면서 작동 원리까지 전부 설명하려 드는, 그런 사용설명서를 보면 이런 말이 절로 나오겠지요.

RANK
229

RANK
230

RANK
231

RANK
232

That's the best I can do.

RANK 229

그게 내가 할 수 있는 최선이야.

'그게 내가 할 수 있는 최선이야' 즉 '나는 최선을 다했어'라는 의미입니다. 그러니까 이에 대해선 나에게 군소리 하지 말라는 약간의 뉘앙스가 숨겨져 있습니다.

That's too corny.

RANK 230

그것은 너무 진부하네요.

직장 상사가 10년 전에나 유행했을 것 같은 농담을 건넸습니다. 그럴 때면 이런 표현을 쓸 수 있겠지요. 물론, 속으로만요! 'corny'는 '너무 자주 사용돼서 흥미롭지 않은'이라는 뜻의 단어입니다.

Time heals.

RANK 231

시간이 약이야.

우리말로 '시간이 약이다'라는 관용적인 표현이 있듯이, 영어에도 'time heals(시간이 치유한다)'라는 관용적인 표현이 있습니다.

What does that stand for?

RANK 232

이 약자를 풀어쓰면 뭐지?

'stand for'는 '~을 상징하다, 의미하다'라는 뜻입니다. 이런 식으로 쓰죠. "What does C.S.I stand for?(C.S.I가 무슨 뜻이야?)"

RANK
233

RANK
234

RANK
235

RANK
236

You are so square.

RANK
233

넌 너무 고지식해서 탈이야.

딱 부러지게 정해진 대로만 행동하려는 사람에게 쓸 수 있는 표현입니다. 'square'는 정사각형을 의미하죠. 군대에서는 '각 잡혔다' 말을 'You are square away'라며 긍정의 의미로 쓰입니다.

You are too good for her.

RANK
234

넌 그녀에게 너무 과분해.

'be too good for someone'은 '~에게 너무 좋다'는 뜻입니다. "He's too good for her(그는 그녀에게 너무 과분하다)"라는 표현은 "She doesn't deserve him"이라는 표현으로 바꿔쓸 수도 있어요.

You deserve better.

RANK
235

너는 더 대우받을 자격이 있어.

정말 착하고 예쁘기만 한데, 매번 나쁜 남자에게 걸려 상처받고 슬퍼하는 친구가 있다면 이런 말로 위로해주세요. 안 좋은 일이 생긴 사람에게 쓸 수 있는 표현입니다.

You don't have to do that.

RANK
236

그건 할 필요 없어.

아무도 공부를 하지 않는다면, 나도 공부를 할 필요가 없을 텐데! 이런 생각 다들 한 번쯤은 해 보지 않으셨나요? 하지 않아도 될 만한 일을 굳이 하려고 하는 사람을 말릴 때 쓰는 표현입니다.

RANK 237

RANK 238

Is there any hospital near here?
이 근처에 병원 있나요?

RANK 239

RANK 240

It is! It is!

RANK
237

아냐, 정말 그래!

내 생각엔 확실한 이야기인데 상대가 말도 안 된다는 투로 말하는 경우가 있죠? 믿지 못하는 상대에게 설명을 시작할 때 사용하는 말입니다.

There is! There is!

RANK
238

아~ 있다! 있어!

이 근처에 구두 수선하는 곳이 있겠어? 네 주위에 이걸 살 만한 사람이 있겠어? 하는 질문에 대해 하는 말입니다. 여기서 'there'는 '그곳'을 이야기하는 것이 아니라 '무언가 존재한다'는 의미입니다.

Don't play dumb.

RANK
239

모르는 척하지 마. (바보인 척하지 마.)

'play'에는 단순히 '놀다'라는 뜻뿐 아니라 '~인 척 하다'라는 뜻이 있습니다. 그래서 '소꿉장난하자'라고 할 때 이렇게 말하죠. "Let's play house."

Get in the line.

RANK
240

줄 서세요.

사람들이 차례를 기다리기 위해 늘어선 줄 안으로 들어가라는 말입니다. 조금 더 단호하게 표현하려면 'line up!'이라고 하면 됩니다.

답은 뒷장에

RANK
241

RANK
242

RANK
243

RANK
244

That doesn't make sense!
저건 말도 안 돼!

Face to face.

RANK **241**

마주 보고.

'face to face'는 '얼굴을 맞대고'라는 뜻입니다. 이런 식으로 쓰죠. "I'll talk to him face to face.(그와 얼굴 맞대고 직접 얘기할 거야.)"

Inside out.

RANK **242**

안팎을 뒤집어서.

옷을 뒤집어 입어 비웃음을 산 경험이 있으신가요? 'Inside out'은 '안팎을 뒤집어서'라는 뜻입니다. 'You got your sweater on inside out'라고 하면, '너 스웨터 뒤집어 입었어'라는 말이죠.

Upside down.

RANK **243**

위아래를 뒤집어서.

앞의 표현은 안과 밖이 뒤집혀 있는 상태를 말하는 것이었지요. 위와 아래가 뒤집혀 있을 때는 이런 표현을 씁니다. "The boat floated upside down on the lake.(배가 호수에 뒤집혀 있었다.)"

He is a realistic person.

RANK **244**

그는 현실적인 사람이에요.

우리가 말하는 '현실적인 사람'을 영어에서는 'realistic person'이라고 합니다. '현실주의자'라는 뜻에서 'realist'라고 부르기도 합니다.

RANK
245

RANK
246

RANK
247

RANK
248

Hold it tight.

RANK **245**

꽉 잡아.

'Hold it tight'는 '꽉 잡아라'라는 뜻입니다. 운전을 할 때는 어떤 상황에서든 핸들을 놓치지 않고 꽉 붙잡고 있어야 하죠. '안전벨트 꽉 매!'라고 말하고 싶을 때는 이렇게 말해요. "Fasten your seatbelt!"

I went for a drive.

RANK **246**

드라이브 갔다 왔어.

'드라이브하다'를 'go for a drive'라고 합니다. 비슷한 표현으로, '산책하다'는 'go for a walk'라고 하죠. '산책할까?'라고 묻고 싶을 때는 이렇게 말합니다. "How about going for a walk?"

It was a white lie.

RANK **247**

그건 선의의 거짓말이었어.

선의의 거짓말, 즉 'white lie'의 반대말인 악의가 있는 거짓말은 'black lie'라고 표현합니다. 때로는 선의의 거짓말이 필요하죠.

It's the best we got.

RANK **248**

이건 우리가 가진 것 중 최고야!

처음 가 본 음식점에 가면 이렇게 물어보고는 하지요. "뭐가 가장 맛있나요?(what's your specialty?)" 그럼, 식당에선 이렇게 대답할 수 있겠죠. "저희 집에선 이게 최고예요!"

RANK
249

RANK
250

RANK
251

RANK
252

Shame on you!

RANK 249

부끄러운 줄 알아!

'부끄러운 줄 알아'라는 표현을 영어로 이렇게 씁니다. 관용적이라 할 정도로 자주 쓰이는 표현입니다.

Can you excuse us?

RANK 250

자리 좀 비켜주시겠어요?

누군가와 긴히 할 이야기가 있을 때, 그리고 대화를 하려는 장소에 대화 상대 외의 다른 사람들도 함께 있을 때 쓰는 표현입니다. 'We need to talk privately'의 의미가 포함돼 있습니다.

Heads or tails!

RANK 251

(동전을 던지면서) 앞면일까 뒷면일까.

영화 '배트맨'에 나오는 악당, '투 페이스 하비'를 아시나요? 두 개의 얼굴을 가진 이 악당은 동전의 앞면과 뒷면을 가리는 게임으로 사람을 죽일 것인지 살릴 것인지를 결정합니다. 우리도 일상 속에서 이런 게임을 많이 하지요. 물론 사람의 목숨을 걸고 하지는 않지만요.

It's bittersweet.

RANK 252

시원섭섭하네.

쓴맛을 나타내는 'bitter'와 단맛을 나타내는 'sweet'가 붙어 있네요. 우리말로는 '시원섭섭한'이라고 할 수 있겠네요. 영화 〈달콤한 인생〉의 영어 제목이 'bittersweet life'랍니다.

RANK 253

RANK 254

RANK 255

RANK 256

As a matter of fact...

RANK **253**

=In fact…

사실은 말이야…

무슨 말을 한 뒤에 상대방이 흥미로워할 것 같은 내용을 덧붙여 말할 때 사용하는 표현입니다. 어떤 말에 대한 반대 의견을 제시할 때, '너의 말은 잘못되었고 사실은 이러하다'라는 의미로 쓰기도 합니다.

Let's sort this out.

RANK **254**

같이 한번 해결해 볼까요?

'sort out'의 대표적인 뜻은 '분류하다' 입니다. 하지만 어떤 사건을 해결하자고 나설 때 이 표현을 자주 사용합니다. 복잡하게 잔뜩 꼬인 것을 해결하자는 의미지요.

What a rip off!

RANK **255**

바가지네!

'rip off'는 '사기, 강탈'이라는 뜻입니다. 마치 사기라도 당한 것처럼 바가지를 쓰고 물건을 샀을 때 쓰는 표현이지요. 이렇게 활용할 수 있습니다. "I don't want to be ripped off there.(나 거기서 바가지 쓰고 싶지 않아.)" 물건을 살 때는 negotiation skill이 필요합니다.

Don't butter me up.

RANK **256**

아첨하려고 들지 마.

아부할 때는 버터라도 잔뜩 칠한 것처럼 느끼한 말들을 내뱉고는 합니다. 거기서 유래한 표현인 것 같네요. 'butter up'은 '아부를 떨다, 아첨하다(flatter)'라는 뜻의 표현입니다. 비슷한 뜻으로 'Don't kiss up to me'가 있습니다.

RANK
257

RANK
258

RANK
259

RANK
260

That's not the point.

RANK 257

그게 중요한 게 아니야.

대화를 하는 도중 상대방이 대화의 요점을 파악해 내지 못하고 자꾸 엉뚱한 소리만 하고 있을 때 쓸 수 있습니다. "That's not my point. You are missing my point."

There he goes again.

RANK 258

저 녀석 또 시작이네!

우리말로 "저 녀석 또, 또, 또 저런다!"를 영어로 "There he goes again!" 이라고 쓸 수 있습니다. 쓰이는 어감을 관용적으로 담은 표현이예요.

Trust me.

RANK 259

날 좀 믿어 봐.

날 신뢰하라는 뜻이지만, 실생활에서는 어떤 말을 진지하게 할 때 쓰는 표현입니다. 비슷한 표현으로는 이런 게 있어요. "I'm telling you.(나 지금 진지하게 말하는 거야.)"

Who cares!

RANK 260

누가 신경이나 쓴데?

우리말로는 '누가 신경을 쓸까'인데, 그 말인 즉슨 아무도 신경 쓰지 않는다는 말이죠. 'Nobody cares!'와 같은 뜻입니다.

RANK 261

RANK 262

RANK 263

RANK 264

Do you have something in mind?

RANK 261

염두에 둔 거라도 있어?

마음속에 뭔가 가지고 있냐, 즉 아이디어나 생각해두고 있는 게 있냐고 물을 때 쓸 수 있는 표현입니다. 'something' 대신에 'someone'을 쓰면 '염두에 두고 있는 사람 있니?'라는 뜻의 표현이 됩니다.

I know what I'm doing.

RANK 262

내가 알아서 하고 있어.

직역하면 '나도 내가 뭘 하고 있는지 알아'라는 뜻인데, 누군가 참견을 할 때 간섭하지 말라는 뉘앙스로 쓰는 표현입니다. 내가 알아서 하니까 걱정하지 말라고요.

I know what it's like.

RANK 263

그게 어떤 건지 알아.

상대방의 말이나 그가 처해있는 상황에 대해서 공감을 표할 때 쓸 수 있는 표현입니다. 이 표현을 잘 알아두었다가 곤란한 상황에 처한 친구에게 사용해 보세요.

I'll make it up to you.

RANK 264

=I owe you one.

이 빚 갚을게.

'make up for'가 '보상하다'라는 뜻의 숙어라고 배웠죠? 'make up to someone'은 '잘못을 나중에 꼭 만회하겠다, 보답하겠다'라는 의미로 굉장히 자주 쓰이는, 거의 관용적인 표현입니다.

RANK
265

RANK
266

RANK
267

RANK
268

I'll pay in cash. RANK 265

=Do you take cash?

현금으로 지불할게요.

카드로 계산할 때는 'by (credit) card', 수표로는 'by check'라고 쓰지만, 현금으로는 'in cash'라고 쓰는 점에 주의하세요.

I'll take over now. RANK 266

이제 내가 맡을게.

다른 사람이 하던 어떤 일을 넘겨받을 때 'take over'라는 표현을 씁니다. 근무 교대를 하거나 이미 진행 중이던 임무의 주도권을 이어받을 때 이런 표현을 쓸 수 있죠. "He's taking over.(그가 후임자야.)"

Two one-way tickets please. RANK 267

편도 표 두 장 주세요.

편도 승차권을 'one-way ticket'이라고 합니다. 한 방향(one way)이라고 했으니까, 왕복이 아니라 편도인 것이죠.

Two round-trip tickets please. RANK 268

왕복 표 두 장 주세요.

'one-way ticket'의 반대말은 'round-trip ticket'입니다. 짧은 일정의 여행을 갈 때는 보통 왕복 티켓을 한 번에 끊어놓지요. 그럴 경우 할인이 붙어 편도 티켓을 두 번 사는 것보다 더 싸기도 하고요.

RANK
269

RANK
270

RANK
271

RANK
272

What do you really want?
네가 정말 원하는 게 뭐야?

She wants to go out with you.

RANK 269

그녀는 너하고 데이트하고 싶어 해.

'go out with'는 '누구와 데이트를 하다'라는 뜻의 표현입니다. '누구와 사귀다'라는 뜻도 되지요. "I'm going out with him."이라고 하면, '나 걔랑 사귀고 있어'라는 뜻이에요. 사귀는(만나고 있는) 사람이 있는지 물어볼 때는 이렇게 말합니다. "Are you seeing someone?"

That's bullshit!

RANK 270

=That's all lie. / You made up.

헛소리하지 마!

'bullshit'의 원래 의미는 '소똥'이지만 '헛소리'라는 의미로 이렇게 씁니다. 'bullshit'을 줄여서 'B. S.'로 말하기도 해요. 이런 식으로도 쓸 수 있고요. "Stop bullshitting.(헛소리 그만 해.)"

We are out of money.

RANK 271

우리 돈 다 떨어졌어.

'run (be) out of something'은 '~가 다 떨어졌다'는 소리입니다. 이런 식으로 쓸 수 있죠. "I think we're running out of water.(물이 거의 안 남은 거 같아요.)"

Well it's somewhere in between.

RANK 272

그 중간쯤 돼.

언제 어디서든 딱 중간만큼만 하라는 말을 하곤 하잖아요? 어떤 장소의 위치에 관해 설명할 때 유용할 것 같은 표현이네요. "소방서 말이야? 학교랑 우체국은 어디 있는지 알지? 그 중간쯤에 있어."

RANK 273

RANK 274

RANK 275

Should I give up now?
이제 포기해야 하는 걸까?

RANK 276

I am stuck in traffic.

RANK 273

길이 완전히 막혔어!

'be stuck'은 '꼼짝달싹 못하게 갇히다'라는 의미입니다. 'In traffic'이니까 교통체증에 갇혔다는 소리죠. 비슷한 표현으로는 'I'm caught up in traffic'이 있어요.

Do you have company?

RANK 274

일행이 있으신가요?

'company'에는 '일행'이라는 뜻이 있습니다. 혼자서 식당에 들어가면 종업원에게서 이런 질문을 받고는 하지요.

Follow your heart.

RANK 275

너 내키는 대로 해.

결정을 못 내리고 갈팡질팡하는 사람에게 우리는 '네 마음을 따라'라고 하죠. 이렇게도 씁니다. "Listen to your heart." 혹은 "Listen to what your heart says."

Give me one good reason.

RANK 276

내가 이해할 만한 이유 하나만 말해 봐.

전혀 마음에도 없는 일, 별로 내키지 않는 일을 상대방이 강요하거나 부탁할 때 쓸 수 있는 표현입니다. '내가 납득할만한 이유 하나만이라도 대 봐'라는 뜻이죠.

RANK
277

RANK
278

RANK
279

RANK
280

I am broke.

RANK
277

나 빈털터리야.

여기서 쓴 'broke'는 '돈이 없는'이라는 뜻입니다. 'I'm dead-broke'는 '나 완전 알거지야'라는 뜻이에요.

I gave up.

RANK
278

이제 나도 모르겠다.

하던 일이 잘 풀리지 않아 손을 뗄 때 쓰는 표현입니다. 이제 그만 포기하겠다는 뜻이지요. 반대로 '내가 한번 시도해볼게'라고 하려면 'Let me give a try'라고 표현하면 됩니다.

I have a good memory.

RANK
279

나는 기억력이 좋아.

조금은 헷갈릴 수도 있을 것 같은 표현입니다. 'memory'에는 '추억'이라는 뜻도 있으니까요. 반대로 '나는 기억력이 나빠'라고 하려면 'I have a bad memory'라고 하면 되겠지요.

I'm on your side.

RANK
280

난 네 편이야.

'be on one's side'는 '~의 편이다'라는 뜻입니다. 'I'm with him on this'라고 하면, '이 문제에 관해선 난 걔 편이야'라는 뜻이죠.

RANK 281

RANK 282

RANK 283

RANK 284

I'm so moved.

RANK
281

나 정말 감동했어.

무엇인가에 감동받았을 때 쓰는 표현입니다. 'so' 대신에 'deeply'나 'really'를 써도 됩니다. 이렇게 쓸 수도 있어요. "I'm so touched."

Is the pay good?

RANK
282

월급은 괜찮아?

'pay'는 동사로 '지불하다'는 뜻으로 쓰이지만, 명사로 쓰일 때는 '급여'라는 뜻도 있습니다. '나 급여 많이 받았어'라고 말하고 싶을 때는 이렇게 말합니다. "I got paid a lot."

It's nothing personal.

RANK
283

개인적인 감정은 아니야.

상대방에게 피해를 끼치는 일임을 알고 있으면서도 사업상 혹은 공적으로 어쩔 수 없는 일을 처리할 때 이런 표현을 쓰고는 합니다. "It's nothing personal. This is just a business."

It's touchy.

RANK
284

좀 까다롭네요.

'touchy'는 '다루기 힘든', '민감한'이라는 뜻의 단어입니다. 같은 뜻으로, 'sensitive'라는 단어도 있지요. 'He's touchy about that'이라고 하면 '그는 그런 부분에 대해 민감하게 반응한다'라는 뜻이에요.

RANK 285

RANK 286

RANK 287

RANK 288

Never say never.

RANK **285**

설마가 사람 잡는다.

'절대'라고는 절대 말하지 말라니, 무슨 뜻일까요. 주로 '불가능하다'라는 말은 절대 하지 말라는 의미로 쓰입니다. 포기하지 말라는 의미가 담겨 있습니다.

Please cover for me.

RANK **286**

나 대신 좀 부탁해.

도저히 하기 싫은 일이 있다면, 아무리 해도 잘 안 되는 일이 있다면 이 표현을 쓰면서 다른 사람에게 부탁해 보세요. 내가 해야하는 일을 대신 해달라고 부탁할 때 쓰는 표현입니다.

She's our age.

RANK **287**

그녀는 우리 또래야.

'our age'는 '우리 나이대'라는 뜻입니다. 'your age'라고 하면 '네 나이대'가 되죠. 이런 식으로 활용해서 쓸 수 있어요. "I've never seen such a clever girl your age.(네 나이대에 그렇게 영리한 소녀는 본 적이 없어.)"

We have plan B.

RANK **288**

차선책이 있지.

'plan A'라고 하면 최초의 계획을, 'plan B'라고 하면 애초의 계획이 실패했을 때를 대비한 차선책(alternative plan)을 뜻합니다.

RANK 289

RANK 290

RANK 291

I did more than enough.
난 할 만큼 했어.

RANK 292

What's on TV?

RANK 289

TV에서 뭐 해?

누가 TV를 보며 큰소리로 깔깔거리는 소리가 들려오네요. 뭘 보고 있는 걸까요? 이 표현을 써서 물어보면 됩니다.

You're a natural.

=You are very talented.

RANK 290

너는 타고났어.

'natural'은 명사로 쓰일 경우 '재능을 타고난 사람(talented person)'이라는 뜻으로 쓰입니다.

Even so.

RANK 291

그래도 그렇지.

이런저런 핑계를 대고 있는 상대에게 따끔하게 해 주는 말입니다. 'even'은 '평평하다'는 의미로도 쓰이지만 여기서는 '~조차도'라는 의미로 쓰였습니다. 'so'는 '그래서, 그렇다' 등의 의미입니다.

I'll connect you to him.

RANK 292

그에게 전화 연결해 드릴게요.

전화를 받았을 때 상대방이 내가 아닌 다른 사람을 찾을 때, 그 사람이 지금 전화를 받을 수 있을 때 이렇게 말하면 됩니다. 자주 쓰는 구어체적인 표현으로는 이런 것도 있죠. "I'll put him on.(그 사람 바꿔줄게요.)" 전화 교환원이 연결해주겠다고 할 때는 이렇게 말합니다. "I'll put him through."

RANK 293

RANK 294

RANK 295

RANK 296

Take two.

RANK **293**

두 알씩 드세요.

의사나 약사의 처방에는 다 그럴만한 이유가 있는 것이겠지요. 괜히 어쭙잖은 지식으로 '세 알까지는 괜찮아'라며 남용했다가는 봉변을 당할 수도 있습니다. 전문가의 지시를 따르세요. 뒤에 'pills'가 생략되었겠죠?

I can live with that.

RANK **294**

참을 만해.

직역하면 '그것과 살 수 있다'인데, '견디며 (평생) 살다'라는 뜻으로 일상에서 매우 자주 쓰이는 표현입니다. 반대로 하려면 'can'을 'can't'로 바꿔주면 됩니다.

Bye for now...

RANK **295**

나중에 보자.

헤어질 때 작별 인사로 쓸 수 있는 말입니다. 굳이 어떤 의미가 담겨있는지를 따져보자면, '언제가 될지는 잘 모르겠지만 나중에 만날 수 있게 된다면 꼭 만나자' 정도의 의미라고 생각하시면 될 것 같네요. 그냥 'bye'라고만 하는 것보다는 살짝 여운이 더 남는 표현이지요. 'for now'는 '지금으로서는'이라는 뜻이에요.

We have a bad line.

=It sounds crackly.

RANK **296**

소리가 잘 안 들려요.

산속 깊은 곳이나 지하실에서 전화를 받을 때면 상대방의 말소리가 자꾸 끊어져서 들릴 때가 있습니다. 그럴 때 쓰는 표현이에요.'line'은 '전화선, (특정 번호의) 전화'라는 뜻의 단어입니다. 'The line is busy'는 '통화 중이에요'라는 뜻이에요.

RANK
297

RANK
298

RANK
299

RANK
300

Here's the thing.

RANK 297

그게 어떻게 된 것이냐면.

대화를 하는 상대방의 궁금증을 유발하고 싶을 때 하는 말입니다. "O.K, here's a thing.(그러니까요, 문제는 이거예요.)"

Enough is enough.

RANK 298

더 이상은 안 돼.

이제 그만하면 충분하지 않느냐는 뜻의 표현입니다. 듣기 싫은 소리를 계속 들으면 쓸 수 있습니다. 비슷한 맥락으로 "O.K, that's enough!(야, 그만해!)"가 있어요.

For or against?

RANK 299

찬성이야 반대야?

'for'는 '무엇에 찬성하여', 'against'는 '무엇에 반대하여'의 뜻을 가진 단어입니다. 찬반이 갈릴 수 있는 어떤 문제에 대해 상대방의 의견을 물을 때 쓰는 표현입니다. "점심때 피자를 먹으러 가기로 했어. 찬성? 아니면 반대?"

I'm not feeling well.

=I'm under the weather.

RANK 300

저 몸이 별로 안 좋아요.

기분이 좋지 않다는 소리가 아닙니다. 병이 난 것 같고 몸 상태가 좋지 않을 때 쓰는 표현입니다. 'good'이 아니라 'well'을 쓰고 진행형으로 쓰는 관용적인 표현입니다.

RANK
301

RANK
302

RANK
303

RANK
304

I'm ok with it.

RANK 301

난 그렇게 해도 상관없어.

동의를 하거나 어떤 것에 대한 긍정적인 의견을 표현할 때 쓰는 말입니다. '그거라면 나도 괜찮다'라는 뜻이지요. "I'm ok with the plan.(나 그 계획 괜찮아.)"

No offense.

RANK 302

=Don't feel offended.

기분 나쁘라고 하는 말은 아니야.

다소 공격적으로 들릴 수도 있는 말을 할 때 너를 공격하려는 거 아니니까 오해하지 말라는 의미로 쓰는 표현입니다.

We need to talk.

RANK 303

우리 잠깐 얘기 좀 해.

'우리 얘기 좀 해'라는 말을 할 때 영어로는 이렇게 씁니다. 주로 약간 진지한 것에 대해 이야기 할 때 혹은 문제가 있을 때 쓰는 표현입니다.

When is the deadline?

RANK 304

=When is it due?

마감이 언제야?

마감 시간이나 날짜를 영어로 'deadline'이라고 합니다. 그리고 '마감을 지키다'는 'meet the deadline'이라고 하죠.

RANK
305

RANK
306

RANK
307

RANK
308

Not my type of a car.

RANK
305

=That's not my style.

내 취향의 차는 아냐.

보통 완곡한 거절의 의미로 쓰는 표현이지요. 좋아 보이긴 하지만 내 취향이 아니라니, 어쨌거나 싫다는 거잖아요. 'Not my type' 이후에는 어떤 대상이든 'of'와 함께 사용할 수 있습니다. 'He is not my type of a man' 처럼 말이죠.

Watch out!

RANK
306

=Look out! / Be careful!

조심해! (위험해!)

비슷한 표현인 'Be careful'은 주의를 기울이라는 뉘앙스이고, 당장의 긴박한 무언가를 조심하라고 할 때는 이렇게 말합니다. 'watch'에는 '조심하다'라는 뜻이 있습니다. '발 조심해'라고 말할 때는 이렇게 말합니다. "Watch your steps."

I'm crossing my fingers for you.

RANK
307

=I wish you luck.

너를 위해 성공을 빌고 있어.

'너를 위해서 손가락을 꼬겠다'는 뜻입니다. 중지를 인지에 포개는 것이 'Good luck', 즉 '행운을 빈다'라는 의미를 가진 사인이랍니다. 때문에 이 표현은 '너를 위해서 행운을 빈다'라는 뜻의 표현이 되는 것이지요.

I've lost my appetite.

RANK
308

나는 식욕을 잃었어.

화가 나는 일을 당하거나 기분이 우울할 때면 식욕이 떨어지는 경우도 있지요. '식욕이 떨어지다'라는 말을 'lose one's appetite'라고 합니다.

RANK
309

RANK
310

RANK
311

RANK
312

Let me make myself clear. RANK 309

분명히 말할게.

"나 자신을 분명하게 할게." 즉, 이미 몇 번 말을 한 적이 있음에도 불구하고 상대방이 당신의 말을 무시한다면 경고의 의미로 이렇게 쓸 수 있습니다.

He is one year ahead of me in school. RANK 310

그는 내 학교 1년 선배야.

그냥 직역을 하더라도 무슨 의미인지 이해가 되시죠? 학교에서 일 년 앞서있다고 했으니, 한 학년 선배라는 뜻이겠지요.

Don't drive drunk. RANK 311

음주운전은 안 돼.

술 취한 상태에서 운전하지 말라는 거니까, 음주운전하지 말라는 소리죠. 비슷한 표현으로는 이런 게 있어요. "Don't drink and drive."

It blows my mind. RANK 312

정신을 차릴 수가 없어.

긍정적인 의미로든 부정적인 의미로든 다양하게 쓸 수 있는 표현입니다. 어떤 영화를 보고서 '(생각을 날려버릴 정도로) 짜릿했어!'라고 할 때도 이런 표현을 쓸 수 있지만, 어떤 일 때문에 넋이 나갈 정도의 큰 충격을 받았을 때도 이렇게 말하고는 합니다.

RANK
313

RANK
314

RANK
315

RANK
316

This bag is in this season. RANK 313

이 가방은 이번 시즌 유행이야.

패션에 관심이 많은 사람들은 '신상'이라고 하면 사족을 못 쓰지요. 'be in season'이라고 하면 '제철이다'라는 뜻도 됩니다. '사과가 제철이다'라는 표현을 하려면? 'The apple is in season'이라고 하면 됩니다.

I had a blind date. RANK 314

난 소개팅을 했어.

미팅이나 소개팅을 할 때는 대체로 만나게 될 사람에 대해 미리 알지 못하는 상태에서 만나게 됩니다. 그래서 소개팅을 'blind date', 즉 '보이지 않는 데이트'라고 한답니다.

I will talk to him in person. RANK 315

그에게 직접 이야기해 볼게.

'in person'은 '다른 사람이나 편지, 전화 등을 통하지 않고 직접'이라는 뜻의 표현입니다.

I'm sick and tired of chicken. RANK 316

치킨은 지겨워.

'~이 지긋지긋하다'는 표현을 'be sick and tired of'라고 합니다. 아주 질렸다는 소리죠.

RANK
317

RANK
318

RANK
319

RANK
320

It has something to do with him.

RANK 317

그건 그와 관련이 있어.

'have something(nothing) to do with'는 숙어로서, 여기서는 그와 뭔가 연관이 있다는 소리이고 전혀 연관이 없다라고 할 때는 'something' 대신에 'nothing'을 쓰면 됩니다.

You have to pay in advance.

RANK 318

계산부터 하셔야 해요.

'pay in advance'는 '선불로 내다'라는 뜻입니다. 반대로 '후불로 내셔야 합니다'라고 할 때는, 'in advance' 대신 'later'를 쓰면 됩니다. 이런 식으로 응용해서 쓸 수 있어요. "I paid a week in advance.(1주일 전에 지불했어요.)"

Can't you take a joke?

RANK 319

농담도 못 받아들여?

그저 농담으로 한 소리였을 뿐인데 지나치게 과민반응을 한다면 이렇게 말해줄 수 있겠지요. 비슷하게 'Come on, it was just a joke'라고 말해도 괜찮아요.

He asked for it.

RANK 320

그가 자처한 일이야.

스스로 자처한 일이기에 누구도 탓할 수 없는 상황에서 쓸 수 있는 표현입니다. 원래 'ask for'는 '~을 요구하다'라는 뜻입니다. 스스로 요구했으니 자처한 일이라는 소리죠.

RANK
321

RANK
322

RANK
323

RANK
324

I broke even.

RANK 321

난 본전이야.

도박에 손을 댔다면, 본전이라도 남기면 다행입니다. 본전이라도 남아 있을 때 어서 손을 떼는 것이 좋을 겁니다. 'even'에는 '동등한'이라는 뜻도 있는데요, 'We're even'이라고 하면 '우리 비긴 거야'라는 뜻의 표현이 되지요.

I found you by chance.

RANK 322

나는 우연히 너를 찾았어.

'by chance'는 '우연히'라는 뜻입니다. 영어에서 '누구를 우연히 마주치다'라는 표현은 'I ran into him on the street'라고 쓸 수 있습니다. 'run into(=come across)'라는 표현 자체가 '우연히 만나다'라는 뜻이에요.

I got burned on my hand.

RANK 323

손에 화상을 입었어.

'I got burned'라고만 하면 '화상을 입었어'라는 뜻이 됩니다. 영어에서는 이렇게 직설적인 표현이 많습니다. 예를 들어, 'I sprained my ankle'이라고 하면 '발목을 삐었다'는 소리입니다. 간단하게 'I burned my hands'라고 해도 좋습니다.

I have mixed feeling.

RANK 324

만감이 교차하네.

여러 가지 생각이 섞인 감정 상태를 나타내는 말입니다. 오랜 기간 연애를 했지만, 지금은 헤어진 사람이 결혼한다는 소식을 들으면 이런 기분 아닐까요? 괜히 화가 나기도 하고, 아쉽기도 하고, 옛날 생각도 나고….
'mixed'는 '혼합된'이라는 뜻이에요.

RANK 325

RANK 326

RANK 327

RANK 328

When did it leave?
언제 떠났어요?

I have to work overtime.

RANK 325

나 야근해야 해.

'work overtime'은 '초과근무하다'는 뜻입니다. '초과근무 수당'은 'overtime pay'라고 하죠.

Is this a bad time?

RANK 326

지금 좋지 않은 상황이니?

할 말이 있거나 부탁할 일이 있는데 상대방의 상황이 썩 좋지 않아 보인다면 이렇게 물어볼 수 있겠지요. 사전에 약속을 잡아놓지 않은 상태에서 불쑥 찾아갔을 때도 이런 표현을 쓸 수 있을 것 같고요.

This is our first official date.

RANK 327

이게 우리 첫 공식 데이트예요.

우리가 '공식적으로' 첫 데이트라는 말을 쓰는데 영어에서도 '공식적'이라는 말을 명사 앞에 붙여서 이렇게 씁니다.

Three days before your arrival.

RANK 328

당신이 도착하기 3일 전에.

날짜나 수량 뒤에 'before+명사'가 오면, '그 명사의 날짜나 수량 전'이라는 소리입니다. 이런 형태의 문법 체계에 익숙해져야 합니다

RANK
329

RANK
330

RANK
331

RANK
332

What were you thinking?

RANK
329

대체 무슨 생각을 한 거야?

단순히 '무슨 생각하고 있어?'라고 물어보는 말인 것처럼 보이지만 사실은 다소 공격적인 뉘앙스로 많이 쓰이는 표현입니다. 용납하기 어려운 일을 저지른 상대방에게 '도대체 무슨 생각을 하면 그런 일을 저지를 수 있어!'라는 의미로 쓸 수 있는 표현이지요. 'What did you think you were doing?'의 의미예요.

Who's in charge here?

RANK
330

여기 담당자가 누구인가요?

'be in charge of'는 '~의 책임자다'라는 소리입니다. 이런 식으로 응용해서 쓸 수 있습니다. "He's in charge of this project.(그가 이 프로젝트의 책임자예요.)"

I'm here to renew my visa, please.

RANK
331

비자를 갱신하러 왔는데요.

'새로운'을 뜻하는 'new' 앞에 '다시'를 뜻하는 접두사 're'가 붙어있습니다. 그러니 'renew'는 '다시 새롭게 하다', 즉 '갱신하다'라는 뜻의 단어가 되는 것이지요. 이 단어를 활용해서 이런 표현도 할 수 있겠네요. "Renew your license before it expires.(면허가 만료되기 전에 갱신하세요.)"

I'll take my chances.

RANK
332

운에 맡겨 보지 뭐.

위험한 일, 완벽하게 장담할 수 없는 일을 시도하려 할 때 쓸 수 있는 표현입니다. '운에 맡기고 위험을 감수해 보겠어'라는 뜻이지요. 직역했을 때의 의미인 '기회를 잡겠다'라는 뜻으로도 쓸 수 있습니다.

RANK
333

RANK
334

RANK
335

RANK
336

333~336

It looks good on you.

RANK **333**

너에게 잘 어울린다.

옷 따위가 잘 어울린다는 표현을 'look good on someone'이라고 합니다. 'You look good in the dress'라는 표현은 'The dress looks good on you'라고 바꿔 쓸 수도 있어요.

Let's get down to business.

RANK **334**

본론으로 들어가시죠.

(미팅에서) 본격적으로 일에 대한 이야기를 나누기 시작할 때 쓰는 표현입니다.

Please feel free to ask.

RANK **335**

맘껏 물어보세요.

'feel free to~'는 '마음대로 ~하다'라는 뜻의 표현입니다. 상대방에 대한 배려가 가득 담겨 있는 표현이지요. 이런 식으로 쓸 수 있어요. "Should you have any inquiries, please feel free to contact us.(문의 사항 있으면 편하게 연락 주세요.)"

That's a common mistake.

RANK **336**

그건 흔한 실수야.

흔히 하는 실수로는 어떤 것이 있을까요. 음, 요리 후에 깜빡하고 가스 밸브를 안 잠그는 것? 비 오는 날 지하철에 우산을 놓고 내리는 것? 최악은 바로 이거죠. 술 마시고 헤어진 애인에게 전화하는 것. 여기 있는 'common'은 '흔한, 공동의'라는 뜻이에요.

RANK
337

RANK
338

RANK
339

RANK
340

I am addicted to tattoo. RANK 337

나는 문신에 중독되었어.

'be addicted to something'은 '~에 중독되다'는 뜻입니다. 'He's addicted to alcohol'이라는 표현은 'He's an alcoholic'이라고 바꿔쓸 수도 있어요.

You've got better things to do. RANK 338

그럴 바엔 다른 일을 하겠어.

쓸데없어 보이는 일을 하느라 시간과 노력을 쏟아붓고 있는 친구가 있다면 이렇게 말해 줄 수 있겠네요.

Ask someone else. RANK 339

다른 사람한테 물어봐.

누군가 질문을 했는데, 잘 모르거나 대답하기 꺼려지면 다른 사람에게 물어보라고 할 수 있겠죠. "I don't know (about that). Ask someone else."

Don't go too far. RANK 340

오버하지 마.

직역하면 '너무 멀리 가지 마'라는 뜻인데, 어떤 사안에 대해 상대방이 오버해서 확대해석하려 할 때 이렇게 말할 수 있습니다.

RANK
341

RANK
342

RANK
343

RANK
344

Get real!

RANK
341

꿈 깨!

자기만의 착각이나 공상에 빠져 있는 친구가 있다면 이렇게 말해주세요. '계속 꿈이나 꿔', 즉 '꿈 깨'라는 뜻의 'dream on'과 비슷한 의미이지만, 조금 더 강한 뉘앙스를 가진 표현입니다.

I am speechless!

RANK
342

말문이 막혔어요!

너무 황당해서 말이 안 나올 때 이렇게 쓸 수 있습니다. '어안이 벙벙하다'고나 할까요.

Leave me alone.

RANK
343

나를 혼자 내버려 둬.

'leave someone alone'은 '~를 혼자 있게 두다'라는 소리죠. 혼자 있고 싶을 때 이렇게 말할 수 있습니다. 혹은 가까운 지인의 죽음으로 슬픈 경우에 이렇게 말할 수도 있습니다. "Leave me alone. I need a moment. (잠깐 나 혼자 있게 둬요. (추스를) 시간이 필요해요.)"

Look who's talking.

RANK
344

사돈 남 말 하시네.

어떤 사안에 대해 '도대체 누가 말하고 있는 거야?', '너는 안 그래?', '사돈 남 말하네'라는 뉘앙스의 표현입니다.

RANK
345

RANK
346

RANK
347

RANK
348

That's easy to say.

RANK **345**

말은 쉽지.

말은 쉽지만 행동이 어려운 법이죠. 영어로는 'That's easy (for you) to say'라고 합니다. 실제로 행하기엔 어렵다는 뉘앙스가 깔려 있습니다.

You are on time.

RANK **346**

시간 맞춰 왔네.

'on time'은 원래 '정각인'이라는 뜻입니다. 즉, 여기서는 시간에 맞춰 왔다는 의미죠. 남편이 집에 일찍 온 경우에 '일찍 왔네'라고 쓸 때는 'You are early'라고 합니다.

You made my day.

RANK **347**

네 덕분에 즐거웠어.

"네가 나의 하루를 만들었어." 완벽한 데이트 후에 이렇게 말할 수 있습니다. 그렇다면 'Today is your day'는 무슨 뜻일까요? '오늘은 네가 주인공이야'라는 뜻입니다.

Can I have a to-go-box, please?

RANK **348**

음식 싸 갈 그릇 좀 주세요.

입맛이 없어 음식을 잔뜩 남겼는데 그냥 버리고 가기엔 아까울 때가 있지요. 그럴 때 쓸 수 있는 표현입니다. '여기서 드실 건가요, 아님 포장인가요?'는 'For here or to go?'라고 합니다.

RANK
349

RANK
350

RANK
351

RANK
352

Don't be silly.
RANK 349

바보같이 굴지 마.

'silly'는 '어리석은'이라는 뜻의 단어입니다. 'Don't be ridiculous'와 비슷한 의미이지만 조금 더 귀엽고 가벼운 뉘앙스가 담긴 표현입니다.

Everything is in order.
RANK 350

모든 일이 제대로 되고 있어.

'in order'는 '순서대로 정돈된'이라는 뜻입니다. 즉, 모든 게 순조롭게 되고 있다는 말이죠. 'in order'의 반대말은 'out of order'입니다.

He is a bit too slow.
RANK 351

그는 눈치가 없어.

직역했을 때의 의미 그대로 '그는 행동이 너무 느려'라는 의미로도 쓰이지만, 눈치가 없는 사람을 이렇게 표현하기도 합니다. 반대로 행동이나 눈치가 빠른 사람에게는 'He catches on quick'이라는 표현을 씁니다.

He's all thumbs.
RANK 352

그는 손재주가 없어.

'thumb'는 '엄지손가락'을 뜻합니다. 만약 손가락이 전부 엄지손가락이라면 물건을 잘 다루지 못하겠죠? 그래서 서투르다는 뜻으로 쓰입니다. 이런 식으로 응용해서 씁니다. "He's all thumbs(=clumsy), when it comes to computer thing.(컴퓨터 같은 거엔 서투른 사람이야.)"

RANK 353

RANK 354

RANK 355

RANK 356

How about we go for a walk? RANK 353

우리 산책하는 거 어때요?

'How about+주어+동사(혹은 동명사)?'는 '~하는 게 어때?'라는 권유의 표현입니다. 그리고, 'go for a walk'는 '산책하다'라는 뜻이에요.

I appreciate it. RANK 354

감사합니다.

'감사합니다', '고맙습니다'는 'Thank you'이지만, 이 표현은 'Thank you'와 비슷한 의미이면서 약간 더 격식 있는 표현입니다. 실생활이나 비즈니스 이메일 등 여러 상황에서 자주 쓰이죠. 아예 이 두 표현을 함께 쓰기도 하고요. "Thank you! I appreciate that!"

I blew it. RANK 355

완전히 망쳐버렸어.

'blew'는 '불다'라는 뜻을 가진 'blow'의 과거형입니다. 하고 있던 일이나 잘되고 있던 상황을 '불어서 날려버렸다'는 것이지요. 'I blew the chance'라는 의미이지요.

I didn't mean it. RANK 356

고의는 아니었어.

'mean'은 '의미하다' 외에도 '의도하다'라는 뜻이 있습니다. 그러므로, 이 말은 '그러려고 의도했던 건 아니다'라는 소리죠. 이런 식으로 응용해서 쓸 수 있습니다. "I didn't mean to hurt you.(너를 다치게 하려던 건 아니었어.)"

RANK
357

RANK
358

RANK
359

RANK
360

I spaced out.

RANK 357

멍 때리고 있었어.

사실 'spaced out'이 그리 좋은 뜻은 아닙니다. 마약에 취해 멍한 상태를 'spaced out'이라고 하거든요. 그러니까 이 표현은 '마치 약을 한 것처럼 멍해 있었어'라는 뜻입니다. 넋이 나간 듯한 친구를 보면 '너 약이라도 한 거야?'라고 장난스럽게 묻고는 하잖아요.

I want to get some air.

RANK 358

바람 좀 쐬고 싶어.

우리가 흔히 말하는 '바람을 좀 쐬다'라는 표현을 이렇게 씁니다. 'Let me get some (fresh) air'이라고 하면, '(찬) 바람 좀 쐬고 올게요'라는 뜻이죠.

I'll keep an eye on it.

RANK 359

내가 지켜보고 있을게.

'keep an eye on something(someone)'은 직역하면 '~에 눈을 유지하다'라는 뜻입니다. '~를 감시하다, 지켜보다'라는 뜻의 숙어죠.

Is it me?

RANK 360

내가 문제인 거야?

나 때문에 문제인 건지 아니면 상황이 진짜 이런 건지 싶을 때 쓸 수 있는 표현입니다. "Is it me, or it's actually hot in here?(나만 그런 거야, 아니면 원래 여기가 더운 거야?)"

RANK
361

RANK
362

RANK
363

RANK
364

Is Wi-Fi available?

RANK 361

와이파이가 되나요?

'be available'은 '~이 사용 가능하다'는 뜻입니다. 이 표현은 사람에게도 쓸 수 있습니다. 이런 식으로요. "I'm afraid he's not available right now. Can you call back a little later?(지금은 안 계신 거 같은데, 조금 이따가 전화 주시겠어요?)"

It doesn't matter.

RANK 362

그건 문제가 되지 않아.

'matter'는 동사로 '중요하다(be important)'라는 뜻이 있습니다. 이 표현은 실생활에서 '중요하지 않으니 신경 쓰지 않는다'는 뉘앙스로 쓰일 때가 많습니다.

It's against the law.

=It's illegal.

RANK 363

그건 불법이야.

'against'는 '~에 반하는'이라는 뜻이죠. 'law'는 '법'을 뜻하고요. 법에 반하면, 불법이겠죠?

Let's skip it.

RANK 364

그건 그냥 넘기자.

'skip'은 '건너뛰다'라는 뜻이므로, 'skip하자'라는 건, 그냥 넘기자는 소리죠.

RANK
365

RANK
366

RANK
367

RANK
368

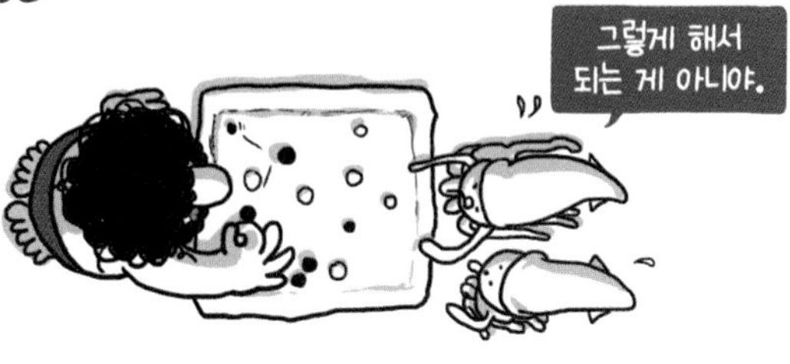

Please keep me company. RANK 365

말(길) 동무가 되어주세요.

카페에 혼자 앉아있기가 심심해 누군가를 부르고 싶다면, 그때 이런 표현을 쓸 수 있습니다. 여기서 'company'는 '일행, 동행'이라는 뜻이에요.

She kicked him out. RANK 366

그녀는 그를 쫓아냈어.

'kick out'은 '내쫓다'는 뜻의 표현입니다. 'get kicked out of school'이라고 하면 '학교에서 쫓겨나다, 잘리다'라는 뜻이 되고요. 'get kicked out of company'는 '해고되다(get fired)'라는 뜻이죠.

He is under the weather. RANK 367

그는 몸이 안 좋아.

날씨가 흐리면 괜히 덩달아 기분도 울적해지고는 합니다. 나이가 좀 있으신 분들은 몸이 쑤시기도 하고요. 그래서 몸 상태가 좋지 않을 때 이런 식으로 표현을 하기도 합니다.

That's not how it works. RANK 368

그렇게 해서 되는 게 아니야.

컴퓨터가 고장이 났습니다. 어쩔 줄을 모르고 전전긍긍하던 중에 자기가 컴퓨터 좀 다룬다는 친구가 나타났네요. 그런데 이게 웬걸, 그 친구가 컴퓨터를 조금 만지니까 오히려 상태가 더 나빠졌어요! '그렇게 해서 되는 게 아닌데' 말인데요. 기계나 시스템 등에 광범위하게 쓸 수 있는 표현입니다.

RANK
369

RANK
370

RANK
371

RANK
372

That's the way I see it. RANK 369

내가 보기엔 그래.

'적어도 내 생각에는 이렇다'며 조금 물러선 채 생각을 말하는 것이지요. 말을 시작할 때에는 "From the way I see it…"이라고 할 수 있습니다.

There are some gray areas. RANK 370

좀 애매한 부분이 있어.

회색은 검은색과 흰색 사이에 있습니다. 그래서 이도 저도 아닌 모호한 것을 회색에 빗대어 표현하기도 합니다. 정치적인, 사상적인 입장이 뚜렷하지 않은 사람을 부정적으로 일컬어 '회색분자'라고 칭하기도 하지요.

There is no doubt about it. RANK 371

의심의 여지가 없어.

그것에 대해서는 의심의 여지가 없다는(obvious) 소리입니다. 'doubt'는 '의심, 의혹, 의문'라는 뜻이거든요.

Tomorrow is my day off. RANK 372

저 내일 쉬는 날이에요.

근무를 쉬는 날을 영어로 'day off'라고 한답니다. 간단하게 이렇게 쓸 수도 있어요. "I'm off tomorrow."

RANK
373

RANK
374

RANK
375

RANK
376

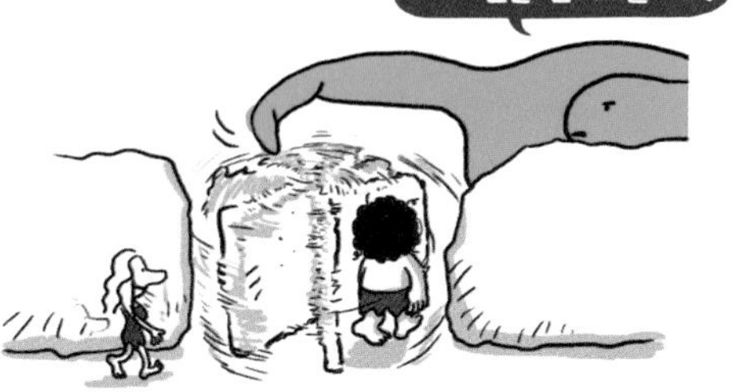

Will you back me up?

=Will you support me?

나 지지해 줄 거야?

RANK 373

상대방이 당신의 말에 동의해 주기를 원할 때, 당신이 하는 일을 지지하고 응원해 주기를 원할 때 쓰는 표현입니다. 'back someone up'은 '~를 지지하다'라는 뜻이에요.

You're so cheap.

너 진짜 치사해.

RANK 374

얻어먹기는 잘도 얻어먹으면서 한턱내는 일은 절대 없는 사람이 있다면 이렇게 말해 줄 수 있습니다. 'cheap'는 보통 '(가격이) 싼'의 의미로 많이 쓰이는 단어이지만, 이 단어를 사람의 성격을 묘사할 때 쓰면 '인색한, 치사한'의 의미가 됩니다. 'Don't be so cheap'라고 하면, '그렇게 치사하게 굴지 마'라는 뜻이에요.

Have a close look.

자세히 보세요.

RANK 375

'close'는 '닫다'라는 뜻 이외에도 '자세한, 가까운'이라는 뜻을 가지고 있어요. '자세히 봐봐'라고 하고 싶을 때, 'Take a close look at it'이라고도 하죠.

I'll get the door.

내가 문을 열어드릴게요. / 내가 문을 닫을게요.

RANK 376

상황에 따라 두 가지 의미로 쓰이는 표현입니다. 문이 닫혀 있는 상황에서는 '문을 열겠다'는 뜻이 되지만, 그 반대로 문이 열려 있는 상황에서는 '문을 닫겠다'는 뜻이 됩니다. 초인종이 울리는 상황에서는 간단하게 이렇게 말합니다. "I'll get it."

답은 뒷장에

RANK
377

RANK
378

RANK
379

RANK
380

You made your point.

RANK 377

=I see what you are talking about.

네 논점은 충분히 밝혔어.

'make one's point'는 '~의 주장을 밝히다'라는 뜻입니다. 주장하고자 하는 바를 제대로 밝혔다는 뜻이니, 칭찬이겠죠.

You're not the only one.

RANK 378

너만 그런 게 아니야.

자신에게 닥친 불행에 대해 좌절하고 괴로워하는 사람이 있다면 이런 위로의 말을 건넬 수도 있을 것 같습니다. 아니면 비슷한 취향이나 습관을 지닌 사람을 만났을 때도 이렇게 말할 수 있겠지요.

Let me put it this way.

RANK 379

이렇게 말하면 어떨까.

여기에서 'put'은 '놓다'의 의미가 아닌 '표현하다, 말이나 글로 옮기다'의 의미로 쓰였습니다. 상대방이 대화 내용을 잘 이해하지 못하여 다른 말로 다시 설명할 때 쓰는 표현입니다.

Don't bother.

RANK 380

=You don't have to do that.

그럴 필요 없어요.

'Don't bother yourself'를 줄여서 쓰는 표현이라고 보시면 됩니다. 직역하자면 '너 자신을 귀찮게 하지 마'라는 뜻인데요, 괜한 일에 신경을 쓰거나 손을 쓰려 나서는 사람에게 쓸 수 있는 표현입니다. 이런 식으로 응용해서 쓸 수 있죠. "Don't bother to bring it with you.(애써 가져오실 필요는 없어요.)"

RANK
381

RANK
382

RANK
383

RANK
384

My battery is dying.

RANK
381

내 배터리가 다 되어가고 있어.

우리가 쓰는 표현 중에 '배터리가 죽었다'라는 표현이 있죠. 영어에서도 비슷하게 씁니다. 이런 식으로요. "Sorry I couldn't answer your phone, my battery was dead.(전화 못 받아서 미안해, 배터리가 없었거든.)"

Did you double check it?

RANK
382

확인해봤어?

'double-check'는 문자 그대로 '재확인하다'라는 뜻입니다. 중요한 사안에 대해서는 항상 double-check하는 습관이 필요합니다.

I will not let you down.

RANK
383

실망하게 하지 않겠습니다.

'let someone down'은 '~를 실망시키다'라는 뜻으로 자주 쓰이는 표현입니다. 비슷한 표현으로는 'I'll not disappoint you'도 있어요.

I'm not making it up.

RANK
384

꾸며낸 이야기가 아니야.

'make up a story'는 '이야기 등을 꾸며내다'라는 뜻입니다. 따라서, 이 표현은 꾸며내는 얘기가 아니고 진짜라는 의미의 표현이죠. 'Don't make up excuses'라고 하면, '변명 지어내지 마'라는 뜻이에요.

RANK
385

RANK
386

RANK
387

RANK
388

We have a long way to go.

RANK **385**

우리는 아직 갈 길이 멀어.

직역하면 '갈 길이 멀다'라는 소리지만, 우리말과 똑같이 비유적으로 '해야 할 일이 많다'는 뉘앙스로도 쓸 수 있습니다.

You won't regret.

RANK **386**

후회하지 않으실 거예요.

상황에 따라 다르지만, 물건을 살 때 점원이 'You won't regret'이라고 하면 그만큼 강력하게 추천한다는 소리겠죠. "I strongly recomment, you won't regret.(강력히 추천합니다. 후회하실 일 없을 겁니다.)"

I can't stand it.

RANK **387**

나는 그것을 참을 수 없어.

'stand'는 'endure(참다)'라는 뜻입니다. 'can't stand it (anymore)'라고 하면, 더 이상 참을 수 없다는 뜻입니다.

I'll have the same.

RANK **388**

같은 거로 주세요.

식당에서 옆 사람이 주문을 했는데, 나도 그걸로 주문하고 싶을 때 이런 표현을 씁니다. 사실상 거의 이렇게만 쓴다고 생각해도 될 정도로 자주 쓰이는 표현입니다.

RANK
389

RANK
390

RANK
391

RANK
392

I'm not in the mood.

RANK
389

나는 지금 그럴 기분은 아니에요.

'기분(분위기)에 있지 않다' 즉, '그럴 기분 아니다'라는 뜻입니다. 이런 식으로 쓰죠. "I'm not in the mood for that.(그거 할 기분이 아냐.)" 같은 표현으로 이런 것도 있어요. "I'm not in the mood to do that."

I'm not myself today.

RANK
390

내가 오늘 정신이 없네.

'(나 자신이 아닐 정도로) 오늘 나는 평소의 내가 아니다'라는 뜻이죠. 즉, 그만큼 정신이 없을 때 쓸 수 있는 표현입니다.

This is the best buy.

RANK
391

이게 가격 대비 최고야.

'buy'는 동사로 '사다'라는 의미로 쓰이지만, 명사로 '잘 산 물건'이라는 뜻도 있습니다.

They are fully booked.

RANK
392

예약이 모두 찼어요.

"The hotel is already booked up.(호텔 방들이 다 이미 예약됐어요.)" 이런 말을 듣지 않으려면 예약을 해 두는 것이 좋겠지요. 유명한 레스토랑에 가거나, 크리스마스 같은 기념일에 영화를 보러 극장에 가야 한다면 말이에요.

RANK 393

RANK 394

RANK 395

RANK 396

Are you seeing someone?

RANK 393

=Do you have a date?

만나는(사귀는) 사람 있어요?

만나는(사귀는) 사람이 있냐는 뜻입니다. "Do you have a boyfriend/girlfriend?"라는 표현은 너무 직접적이고 좀 세게 들립니다.

It gets on my nerves.

RANK 394

그거 때문에 신경이 거슬려.

'get on one's nerves'는 '신경을 건드리다, 짜증 나게 하다'라는 뜻의 표현입니다. 어떤 사람이 자꾸 괴롭히며 귀찮게 군다면 'He gets on my nerves'라는 식으로 표현할 수 있습니다.

Behave yourself.

RANK 395

점잖게 행동해.

공공장소에서 마구 떠들며 소란을 피우는 아이가 있다면 이 표현을 써서 따끔하게 말해주세요. 아이가 아니라 부모에게 말하고 싶다면 이렇게 말합니다. "You have to teach your kids how to behave.(아이들이 잘 행동하도록 가르치셔야 합니다.)"

Get a clue.

RANK 396

감 좀 잡으세요.

'clue'는 '단서, 실마리'라는 뜻의 단어지요. 상황 파악을 못 하고 눈치가 없는 친구에게 쓸 수 있을 만한 표현이네요. 어쩌면 그 친구, 이렇게 대답할지도 모르겠네요. "I have no clue.(나 통 모르겠어.)"

RANK 397

RANK 398

RANK 399

RANK 400

He's cold-hearted.

RANK
397

그는 냉혈한이야.

'피가 차가운' 즉, 문자 그대로 '냉혈한'이라는 뜻입니다. 이런 식으로 응용해서 쓸 수 있어요. "He's cruel and cold-hearted.(그는 잔인하고 냉혈한이야.)"

He's pushy.

RANK
398

그는 참견쟁이야.

보통 무엇인가를 지나치게 강요하거나 자기주장만을 밀어붙이는 사람, 혹은 이일 저일 참견하기를 좋아하는 사람에게 이 표현을 쓰기도 하지요. 사실 참견을 심하게 하는 사람도 자기 고집이 세기는 마찬가지잖아요.

He's too cocky.

RANK
399

그는 너무 건방져.

'be cocky'는 다른 사람들이 불편해할 정도로 자만심에 가득 차 있다는 뜻입니다.

I can't focus two things at once.

RANK
400

나는 한 번에 두 가지 일에 집중 못 해.

컴퓨터에서 쓰는 용어 중에 '멀티 태스킹(multi-tasking)'이라는 표현이 있죠. 둘 이상의 일을 한 번에 수행할 수 있는 능력을 말합니다. 여기 쓰인 'at once'라는 표현은 '한꺼번에'라는 뜻이에요.

RANK
401

RANK
402

RANK
403

RANK
404

Not until I say yes.

RANK
401

내가 허락하기 전엔 안돼.

"내가 yes라고 하기 전까진 안 돼'라는 뜻이죠. 응용해서 '나 죽기 전에는 안된다'라고 하려면 'Not until I die'라고 합니다. 관용적 표현으로는 'over my dead body'라고 써요.

He took second place in the race.

RANK
402

그는 경주에서 2등을 했어.

'take second place'는 '2위를 차지하다'라는 뜻이에요. 이런 식으로 응용할 수 있죠. "He came second in the race.(그는 경주에서 2등으로 들어왔어.)"

I'll show you around the city.

RANK
403

내가 도시를 안내해줄게.

'show someone around'는 '~에게 주위를 보여주다' 즉, '안내하다'라는 뜻입니다. 이렇게 말할 수도 있어요. "I'll give you a guide around the city."

It is just the tip of the iceberg.

RANK
404

=That's Just a part of it.

그건 빙산의 일각에 불과해.

우리가 자주 쓰는 '빙산의 일각'이라는 표현은 영어로 'tip(빙산의 끄트머리)'라고 합니다.

RANK 405

RANK 406

RANK 407

RANK 408

It's fishy.

RANK 405

뭔가 수상해.

뭔가 수상한 기운이 감지될 때면 '냄새가 난다'고들 합니다. 'fishy'도 그와 같은 비유에서 비롯된 표현인 것 같네요. 생선을 구워 먹고 나면 아무리 환기를 잘해도 생선 특유의 비린 냄새는 쉽게 가시지 않잖아요. 냄새에 관련된 비슷한 표현으로는 이런 게 있어요. "He smelled a rat.(그가 낌새를 눈치챘어.)"

Life goes on.

RANK 406

인생은 계속되는 거야.

'go(move) on'은 '~가 계속 나아가다'라는 뜻입니다. 힘든 일을 겪은 후에도 인생은 계속되는 거죠. 'I moved on with my life'라고 하면, '나는 내 삶을 나아갔어' 즉, '(힘든 일 따위를) 극복했어'라는 뜻이에요.

No one's helping us.

RANK 407

아무도 우리를 도와주지 않아.

어두운 밤에 산에 올랐다가 조난을 당한다면, 마침 핸드폰의 배터리도 다 떨어져 누구에게도 도움을 청할 수 없다면, 이보다도 더 절망적인 상황은 있을 수 없을 것 같네요. 신에게 기도나 열심히 드리는 수밖에….

Charge it to my account.

RANK 408

=Put it on my tab.

외상으로 달아놓으세요.

'charge it to account'는 '비용을 내 계좌에 달아달라'는 뜻입니다. 외상하겠다는 소리죠.

RANK
409

RANK
410

RANK
411

RANK
412

Hold your breath.

RANK 409

숨을 참아봐.

'hold'는 '붙잡다'라는 뜻이니까 이 표현은 '숨을 붙잡아' 즉, '숨을 참아'라는 뜻입니다. 볼일을 보고 싶은데 주위에 화장실이 없을 경우 'Can you hold it?(참을 수 있겠어?)'라고 쓸 수 있습니다.

I get a job offer.

RANK 410

나 취직 제안을 받았어.

'get(receive) an offer'는 '제안을 받다'는 뜻입니다. 'job offer'는 '취직 제안'이라는 뜻이죠. 이런 식으로 응용해서 쓸 수 있습니다. "He offered me a job.(그가 내게 일자리를 제안했어.)"

I have a flat tire.

RANK 411

타이어가 펑크 났어.

타이어가 펑크났다는 표현을 영어로 타이어가 평평하게(flat) 되었다고 표현합니다. 맥 빠지는 사람, 재미없는 사람을 'flat tire'라고 표현하기도 하니 참고로 알아두세요.

I was knocked out.

RANK 412

나는 뻗어버렸어.

권투 같은 격투 경기에 'K.O.'라는 용어가 있지요. 'K.O.'는 바로 'knock out'을 줄여서 만든 약자랍니다. 링 위에 드러누운 권투 선수처럼 완전히 지쳐 뻗어버렸을 때 이런 표현을 사용하고는 합니다. 간단히 'I knocked out'이라고 쓰기도 합니다.

RANK 413

축배를 들겠습니다.

RANK 414

내 일을 한 것뿐인데요.

RANK 415

너한테 경고하는 거야.

RANK 416

I think I have a talent.
나 아무래도 재능이 있는 것 같아.

초심자의
행운일 뿐이야.

413~416

I'd like to make a toast.

RANK 413

축배를 들겠습니다.

예전에는 술을 따르기 전 술잔 바닥에 토스트나 구운 빵 조각을 넣는 것이 관례였다고 합니다. 토스트가 술의 불순물을 흡수하여 술맛을 돋워주었기 때문이라고 하네요. 이렇게 말할 수도 있습니다. "I'd like to propose a toast.(축배를 제안합니다.)"

I'm just doing my job.

RANK 414

내 일을 한 것뿐인데요.

이 표현의 포인트는 'just'입니다. '개인적으로는 그리 내키지 않은 일이었지만 직업상 어쩔 수 없이 행하는 것이다' 혹은 '난 내 일을 하는 것이니 나한테 따지지 말라'는 뉘앙스가 담겨 있습니다.

I'm warning you.

RANK 415

너한테 경고하는 거야.

진지하게 하는 말을 상대방이 장난으로만 받아들인다면 이렇게 이야기해 줄 수 있겠지요. 귀담아듣지 않는다면 불이익을 당할 수 있음을 암시하는 표현입니다. 좀 더 강하게 말할 수도 있겠어요. "I warned you!(내가 경고했잖아!)"

It's just beginner's luck.

RANK 416

초심자의 행운일 뿐이야.

처음 도전해 보는 일이 술술 잘 풀릴 때 '초심자의 행운'이 작용했다고들 하지요. 파울로 코엘료의 소설 '연금술사'를 보면 이런 구절이 있습니다. "무언가를 찾아 나서는 도전은 언제나 초심자의 행운으로 시작되고 반드시 가혹한 시험으로 끝을 맺는다."

RANK
417

RANK
418

RANK
419

RANK
420

It's off the record. RANK 417

=This is between you and me.

비공식으로 하는 말이야.

기록에는 남기지 않는 비공식적인 내용을 'off the record'라고 합니다. 그와 반대로 공식적인 내용, 기록으로 남겨도 되는 내용은 'on the record'라고 합니다. 우리끼리만 하는 얘기니까 다른 사람이 알면 안 된다는 의미로, 실생활에서도 자주 쓰는 표현입니다.

It's better than nothing. RANK 418

없는 것보다 낫지.

'아무것도 아닌 것보다는 낫다', 즉 '없는 것보다는 낫다'는 뜻입니다. 비슷한 구조의 표현으로 'late is better than never(늦더라도 하는게 아예 안 하는 것보다는 낫다)'라는 표현도 있습니다.

You're coming out. RANK 419

본색이 나오는구나.

이 책에서는 '본색을 드러내는 것'으로 풀이했지만, 본래의 모습이나 본심을 고백하는 것 역시 'coming out'이라고 합니다.

It's on the tip of my tongue. RANK 420

혀끝에서 맴도는데 기억이 안 나.

말이 안 나오고 혀 끝에 있다? 알고 있는 이름인데 갑자기 생각해 내려하면 선뜻 입 밖으로 나오지 않을 때가 있잖아요. 그런 상황에서 쓸 수 있는 표현입니다.

RANK
421

RANK
422

RANK
423

RANK
424

Don’t bitch about it.

RANK 421

=Don't complain about it.

그것 가지고 불평하지 마.

‘bitch’는 보통 여성을 비하하는 욕으로 많이 쓰입니다. 하지만 간혹 이 단어가 동사로 쓰일 때는 ‘(부재중인 대상에 대해) 욕하다, 불평하다’라는 뜻으로 쓰이기도 합니다. 이런 표현을 만들어 쓸 수도 있겠어요. “Stop bitching around.(불평 좀 해대지 마.)”

Don't be afraid.

RANK 422

두려워하지 마.

‘afraid’는 ‘두려워하는’이라는 뜻이에요. 중요한 시험을 앞두고 있다고요? 두려워하지 마세요. 노력했다면 꼭 그만큼의 보상이 따를 겁니다. 애초에 노력도 하지 않았다면 두렵지도 않겠지요.

Don't give me that look.

RANK 423

그런 표정 짓지 마!

‘look’은 ‘표정’이라는 뜻이에요. ‘내게 그런 표정을 주지 마’ 즉, ‘내게 그런 표정을 짓지 마’라는 뜻입니다. 내가 잘못한 일도 아닌데 마치 ‘네 잘못이야!’라는 듯 다가와서 묘한 표정으로 쳐다보는 사람이 있다면 이렇게 이야기해 줄 수 있습니다.

Excuse my poor English.

RANK 424

영어를 잘 못 해서 죄송해요.

내 짧은 영어를 용서하세요 즉, 영어를 못 해서 양해를 구할 때 쓸 수 있는 표현입니다. ‘Sorry my English is not so good’이라고 캐쥬얼하게 해도 충분합니다.

RANK 425

RANK 426

RANK 427

RANK 428

I have had it.

RANK
425

참을 만큼 참았어.

어떤 대상에 대해 질릴 대로 질려 진절머리가 날 때 쓰는 표현입니다. 'I have had it with this job'이라고 하면 '이 일은 정말 지긋지긋해'라는 뜻이 되지요. 'I have had it with him'이라는 식으로 어떤 사람에 대해서 말할 때도 활용할 수 있고요.

I'm caught in the middle.

RANK
426

난 이러지도 저러지도 못하게 됐어.

선택하지 못하고 갈팡질팡하다가 결국 둘 중 어느 방향으로도 갈 수 없게 되는 경우가 있지요. 그럴 때 쓰는 표현입니다. 비슷한 뜻의 표현인 'I am stuck in the middle'도 알아두세요.

I'm going to walk you out.

RANK
427

내가 배웅할게.

집에 찾아왔던 손님이 돌아간다고 할 때, 현관문 바로 앞까지라도 나가서 배웅해줄 때 쓸 수 있는 표현입니다. 'walk someone out'은 '~를 배웅하다'라는 뜻이에요.

I'm screwed.

RANK
428

난 망했어.

우리가 '망했어'라고 할 때 쓸 수 있는 표현입니다. 이렇게도 말할 수 있어요. "I'm screwed (up)." 혹은 "I'm messed up."

RANK 429

RANK 430

RANK 431

RANK 432

You got the guts?

RANK 429

너 그럴 배짱 있어?

'gut'은 원래 '내장'을 뜻하는 단어입니다. 하지만 (특히 복수로 써서) '용기, 배짱'을 의미하는 단어로도 쓰입니다.

Make yourself at home.

RANK 430

편안히 계세요.

집에 찾아온 손님이나 고객을 접대할 때 쓸 수 있는 표현입니다. '네 집에 있는 것처럼 편안히 있어라'라는 뜻의 표현이지요. 'Make yourself comfortable'이라고 해도 같은 뜻의 표현이 됩니다.

Can you drop me off here?

RANK 431

나 여기서 내려줄래?

'drop someone off'는 '~를 차에서 내려주다'라는 뜻입니다. 'Let me off here'라고 하면, '나 여기서 내릴게'라는 뜻이에요.

I want to get my money back.

RANK 432

나 본전은 뽑고 싶어.

'get something back'은 '~를 되찾다'라는 뜻입니다. 간단하게 'I want my money back'이라고도 합니다.

RANK
433

RANK
434

RANK
435

RANK
436

In what way?

RANK 433

어떤 면에서 그렇죠?

상대가 뭔가를 이야기하고 있습니다. 그 말은 내 생각과는 다를 수 있죠. 하지만 도무지 왜 그렇게 생각하는지 이해가 가지 않을 때, 이유를 설명해 달라고 요청하는 말입니다.

That's how you do it.

RANK 434

그렇게 하는 거야.

동생에게 자전거 타는 법을 알려주고 있습니다. 처음에는 중심을 잡는 것조차 제대로 하지 못하더니, 몇 번 넘어지고 나서는 드디어 감을 잡았는지 자전거를 제법 몰고 나가는군요. 그럴 때 이런 표현을 쓸 수 있겠지요. "바로 그거야! 그렇게 하는 거야!"

That's the way it goes.

RANK 435

세상이 그런 거야.

약간은 체념하는 듯한 뉘앙스가 담긴 표현입니다. 어쩔 수 없는 일, 누구나 일반적으로 겪는 일 때문에 푸념하는 친구가 있다면 이렇게 말해 줄 수 있겠지요. "물가가 너무 올랐어! 월급이 들어오자마자 바로 통장이 텅 비어버린단 말이야." "사는 게 다 그렇지 뭐."

There's nothing to worry about.

RANK 436

=Don't worry.

걱정할 필요가 전혀 없어.

비슷한 표현으로는 이런 게 있어요. "You have nothing to worry about." '네가 걱정할 건 없다'는 뜻이죠.

RANK
437

RANK
438

RANK
439

RANK
440

I'm a night person.

RANK 437

나는 야행성이에요.

밤에 자주 활동하는 야행성의 사람을 'night person'이라고 합니다. 반대의 경우는 'day person'이라고 하고요.

That's news to me.

RANK 438

난 처음 듣는 얘기야.

'그거 나한테는 뉴스인데'라는 소리입니다. 즉, '나는 처음 듣는다'는 말이죠. 이렇게 표현할 수도 있겠습니다. "I've never heard about that."

We got history.

RANK 439

우린 오랜 친분이 있어.

오랜 친구와 함께했던 기억들, 추억들을 한번 떠올려보세요. 정말 오래된 친구라면 아마 하나하나 셀 수도 없이 많은 기억이 쌓여있을 겁니다. 하나의 '역사'라고 불러도 될 정도로 말이죠.

Are you hitting on me?

RANK 440

지금 나 꼬시는 거야?

우리말로 '대쉬하다'라는 표현을 영어로는 'hit on someone'이라고 합니다.

RANK
441

RANK
442

RANK
443

RANK
444

Dark hair runs in the family.

RANK 441

짙은 머리가 집안 내력이야.

'run in the family'는 '~이 집안 내력이다'라는 뜻의 표현입니다.

Don't argue anymore.

RANK 442

더는 문제 삼지 마!

'그 이야기에 관해서는 더는 이야기하고 싶지 않다', '더는 설득하려 하지 마라'라는 뜻의 표현입니다. 아무리 친한 친구의 부탁이라도 가끔은 이렇게 딱 잘라 끊어야 할 때가 있지요.

Don't cheat on her.

RANK 443

그녀를 두고 바람피우지 마세요.

'cheat on her'는 '그녀 몰래 바람을 피우다'라는 뜻이고, 'cheat on her with him'이라고 하면 '그녀 몰래 그와 바람을 피우다'라는 뜻입니다.

Give me a break.

RANK 444

한번 봐줘.

'give someone a break'는 '~에게 한번 기회를 주다, 봐주다'라는 뜻의 숙어적인 표현입니다.

RANK
445

RANK
446

RANK
447

RANK
448

He is annoying. RANK 445

재 정말 짜증 난다.

'annoy (someone)'은 '(~를) 짜증나게 하다'라는 뜻입니다. 영어에서는 서로 알고 있는 상황일 때 이렇게 뒤에 목적어를 생략하기도 합니다. 이런 식으로요. "You're not helping.(너 하나도 도움 안 돼.)"

I have nothing to say. RANK 446

나는 할 말이 없어.

'말할 게 없다'니까, '할 말이 없다'는 소리죠. 광범위한 상황에서 두루두루 쓰일 수 있는 표현입니다.

I lost touch with her. RANK 447

나는 그녀와 연락이 끊겼어.

'keep touch'라고 하면 '연락을 유지하다'라는 뜻인데요, 'lost touch'니까 '연락이 끊겼다'는 뜻이겠죠? '우리 아직 서로 연락해'라는 말이 하고 싶다면, 이렇게 말합니다. "We still keep in touch."

I'm not that kind of person. RANK 448

난 그런 사람 아니야.

"걔나 너나 똑같아. 닮았다니까." 당신이 싫어하는 사람과 서로 닮았다는 말을 들으면 정말 싫겠죠? 그럴 때 이렇게 말해주세요. "그런 애하고 비교하지 마! 난 그런 사람 아니야."

RANK 449

RANK 450

RANK 451

RANK 452

It was all for nothing.

RANK 449

모든 일이 수포가 되었어.

지금까지 했던 모든(all) 노력이 단지 아무것도 아닌 것(nothing)을 위한 것에 그치게 되었다는 뜻의 표현입니다.

It was just small talk.

RANK 450

그냥 잡담이었어.

'그 사람이랑 대화했다고? 무슨 이야기 했어?'라는 질문에 '그냥 잡담이었어'라고 대답하고 싶을 때 쓸 수 있는 표현입니다.

That's such short notice.

RANK 451

이제 말해주면 어떻게 해.

'너무 짧은 공지였다'라는 뜻이에요. 상대가 중요한 사실을 너무 늦게 말해줬을 때 쓸 수 있는 표현입니다.

Watch your language.

RANK 452

말 조심해.

상대방이 험하거나 무례한 말을 할 때 쓸 수 있는 표현입니다. 상대가 욕을 할 때 "Language!"라고 한 단어만 강조해서 말하기도 합니다.

RANK 453

RANK 454

RANK 455

RANK 456

You hurt my feelings. RANK 453

너 때문에 기분 나빴어.

'hurt someone's feelings'는 '기분을 다치게 하다' 즉, '기분을 상하게 하다'라는 뜻입니다.

You're a coward. RANK 454

넌 겁쟁이야.

'You are a chicken'이라 해도 비슷한 표현이 됩니다. 실생활에서 그냥 'You coward(이 겁쟁이야)'라고 쓸 수 있습니다.

I have bad eyes. RANK 455

난 눈이 나빠.

시력이 나쁘다는 표현을 이렇게 씁니다. 비슷하게 이런 표현을 쓸 수도 있습니다. "My eyesight is pretty bad.(나 시력이 나빠.)"

You will pay for this. RANK 456

넌 언젠가 대가를 치를 거야.

"이에 대해 지불하게 될 거야." 즉, 대가를 치루게 될 거라는 뜻입니다. 영어에서는 굉장히 자주 쓰는 표현으로, 비슷하게는 이런 표현이 있습니다. "I'll make you pay (for this)." '나 복수할 거야'라는 뜻이죠.

RANK
457

RANK
458

RANK
459

RANK
460

How can I thank you enough?

고마워서 어떻게 하죠?

RANK 457

아무리 감사를 표해도 모자랄 때 쓰는 표현입니다. 비슷한 표현으로는 'How can I ever say think you?'라는 표현이 있습니다.

I'm a little down today.

난 오늘 좀 우울해.

RANK 458

우리도 이 영어식 표현을 그대로 가져와 일상생활 속에서 흔히 사용하고는 합니다. "Why are you so down today?(너 오늘 왜 이렇게 다운되어 있어?)"

It's no big deal.

별거 아니야.

RANK 459

'no big deal' 혹은 'not a big deal'이라는 표현은 '큰 거래가 아니다' 즉, '별거 아니다'라고 할 때 쓰는 표현입니다.

Why the long face?

왜 그렇게 시무룩해?

RANK 460

시무룩한 표정을 'long face'라고 합니다. 여느 언어처럼 영어에서도 화자와 청자가 명확히 아는 상황에서는 줄여 씁니다. 영화 〈다크 나이트〉에서 조커가 'Why so serious?'라고 하듯이요.

RANK 461

RANK 462

RANK 463

RANK 464

We're in the middle of nowhere.

RANK 461

=I don't know where I am.

우린 어딘지 모르는 외진 곳에 있어.

'아무 곳도 아닌 곳의 중간에 있다'는 뜻입니다. 즉, 길을 잃어버렸을 때, 혹은 어떤 과정에서 상황을 파악하기 힘들 때 비유적으로 쓸 수 있는 표현입니다.

He is my type.

RANK 462

그는 내 이상형(취향)이야.

우리말로도 '내 타입이 맞다/아니다'라는 표현을 하죠. 비슷하게는 이런 식으로 말할 수도 있습니다. "He's my style."

It was a long day.

RANK 463

=It was a tough day.

힘든 하루였어.

힘들고 바쁜 하루는 평소보다 더 길게 느껴지죠. 여기서 '긴 하루'는 '힘든 하루'였다는 의미입니다.

Come and see me sometime.

RANK 464

언제 한 번 저에게 들러주세요.

문법적으로는 'come and see me'에서 'and' 대신에 'to'를 써도 되지만, 실생활에서는 그냥 생략해서 'come see me sometime'이라고도 자주 씁니다.

RANK
465

RANK
466

RANK
467

RANK
468

Did I hurt your feelings? RANK 465

=Did I make you feel offended?

내가 네 감정을 상하게 했니?

딱히 잘못한 것도 없는 것 같은데 함께 대화하던 상대방의 기분이 갑자기 언짢아진 것 같네요. 뭔가 말실수를 했나 싶기도 합니다. 그럴 때는 이렇게 물어볼 수 있죠.

Is this seat taken? RANK 466

이 자리에 누가 있나요?

버스나 지하철, 혹은 카페에서 자주 쓰게 되는 표현입니다. 빈 자리일 때는 이렇게 대답할 수 있겠네요. "No. it's empty."

She has an eye for it. RANK 467

그녀는 그것에 대한 안목이 있어.

명품과 모조품을 한눈에 구별해 내는 사람들을 보면 참 신기하더라고요. 음악에 조예가 깊은 사람을 'She has an ear for music', 패션 감각이 있는 사람을 'He has an eye for fashion'이라는 식으로 표현하기도 합니다.

He's the boss. RANK 468

칼자루를 쥔 사람은 그야.

'boss'는 원래 '직장 상사'라는 뜻이지만, 실생활에서 이렇게 쓰면 그가 결정권을 가진 사람이니 나는 그냥 따르겠다는 뉘앙스입니다. 그가 정말 직장 상사라는 뜻이 아니고요.

RANK
469

RANK
470

RANK
471

RANK
472

It's not you.

RANK 469

너답지 않은걸.

평소에 제 몸도 잘 씻지 않던 친구가 느닷없이 대청소를 하고 있네요. 사람이 갑자기 바뀌면 죽을 때가 된 것이라고들 하던데. 어떻게 된 일일까요? 이런 상황에서 쓸 수 있는 표현입니다. '왜 그러느냐'는 질문의 의미도 담겨있습니다.

leave it to me.

RANK 470

=I will handle it.

나한테 맡겨.

직역하면 '그걸 나에게 남겨'라는 뜻입니다. 내게 맡기라는 뜻이죠.

You can't cross the line.

RANK 471

도를 넘으면 안 되지.

우리말로 '선을 넘다'는 표현이 있죠. 영어에도 비슷한 표현이 있습니다. 'cross the line'입니다. "Don't cross the line.(도를 넘어서는 행동하지 마.)"

He is away from his desk.

RANK 472

=he is out.

그는 자리에 없어요.

전화를 했는데 이렇게 말하면, 'He's not available (at the moment)'라는 뜻이죠. 비슷한 표현으로는 이런 게 있습니다. "Maybe he just stepped out." 여기서 'step out'은 '(잠깐 자리를 비운 상태라는 뉘앙스의) 잠깐 밖에 나가다'라는 뜻이에요.

RANK 473

생물학에서 A 학점을 받았어.
A+
B

RANK 474

That's such short notice.
빨리도 말해준다.
콜라의 김이 빠졌어.

RANK 475

네 기억을 되살려 줄게.

RANK 476

그녀는 고등학교를 중퇴했어.

I got an A in biology. RANK 473

생물학에서 A 학점을 받았어.

무슨 무슨 과목에서 A를 받다는 표현을 'get an A in'이라고 합니다. 모든 과목에서 A를 받았다고 말하고 싶다면, 이렇게 말하면 됩니다. "I got all As."

The coke went flat. RANK 474

콜라의 김이 빠졌어.

자동차 타이어에 바람이 빠졌다는 것을 표현할 때도 'flat'이라는 단어를 썼었지요. 김빠진 콜라 역시 이 단어를 써서 표현합니다. 거품 없이 flat 해졌다는 소리니까요.

let me refresh your memory. RANK 475

네 기억을 되살려 줄게.

'refresh one's memory'는 '~의 기억을 새롭게 하다'라는 뜻이에요. 즉, '기억을 되살리다'라는 뜻이죠.

She dropped out of high school. RANK 476

그녀는 고등학교를 중퇴했어.

'drop out of'는 '무엇에서 중도에 하차하다'라는 뜻의 표현입니다. 'drop out of college'라고 하면 '대학을 그만두다'라는 의미가 되지요. 이런 식으로 응용해서 씁니다. "I don't have a college degree. I dropped out. (나 대학 졸업장 없어요. 중퇴했거든요.)"

RANK 477

RANK 478

RANK 479

RANK 480

We are meant for each other.

RANK 477

=We are a match made in heaven.

우리는 천생연분이야.

'be meant to do something'은 원래 '~하기로 되어있다'라는 뜻입니다. '우리는 서로에게 예정돼있다'는 말은, 마치 만나기로 예정된 운명처럼 천생연분이라는 소리죠.

Bring it on.

RANK 478

한번 덤벼 봐.

이 표현과 같은 제목을 가진 유명한 영화도 있지요. 치어리더들의 대결을 그린 영화인데요. '덤벼봐'라는 뜻입니다. 미국 대통령이 '(그들이 두렵지 않으니) bring them on!'이라고 말한 적도 있죠.

He's a jerk.

RANK 479

그는 멍청이야.

'jerk'는 명사로 '얼간이' 정도의 뜻을 가진 단어입니다. 아주 심한 욕은 아니지만 비속어이고 딱 '얼간이' 정도의 강도로 쓰이는 표현입니다.

I only have eyes for you.

RANK 480

=All I have is you.

난 너밖에 없어.

'내 눈은 너만을 향해 있다'라는 말이에요. 즉, '나한테는 너밖에 없다'라는 뜻이죠.

RANK 481

RANK 482

RANK 483

RANK 484

I'm on fire right now.

RANK
481

나는 지금 잘 나가고 있어.

'on fire'는 원래 '불타고 있다'라는 뜻입니다. '잘 나가고 있다'라는 강렬한 의미로도 쓰이고 있습니다.

I'm out of luck.

RANK
482

운이 다 떨어졌나 봐.

'be out of something'은 '~이 다 떨어지다'라는 뜻입니다. 운이 다했다는 소리죠.

It's the least I can do.

RANK
483

최소한의 제 성의예요.

상대방이 감사의 말을 해 올 때 그에 대한 답변으로 쓸 수 있는 표현입니다. '별것 아니니 신경 쓰지 마세요'라는 뉘앙스가 담긴 표현이지요. "It's not much, but I'd like you to take it.(별것 아니지만 받아주셨으면 해요.)"

Old habits die hard.

RANK
484

오랜 습관은 쉽게 없어지지 않아.

'세 살 버릇 여든까지 간다'는 속담이 있습니다. 영화 〈다이 하드〉에 나오는 브루스 윌리스처럼, 절대 쉽게 죽지 않지요. 비슷한 표현으로는 이런 게 있습니다. "It's hard to break old habbits.(오랜 습관은 버리기 어렵다.)"

RANK 485

RANK 486

RANK 487

RANK 488

Speak of the devil.

RANK 485

호랑이도 제 말 하면 온다더니.

'호랑이도 제 말 하면 온다'는 우리말 속담과 쏙 닮은 표현입니다. 단지, 호랑이가 아닌 악마일 뿐이죠. 우리에게 가장 무서운 존재가 '호랑이'였다면, 서양인들에게 있어 그와 같은 존재는 '악마'였던 것이지요.

You have bad breath.

RANK 486

너 입 냄새 나.

'나쁜 입김(breath)을 가지고 있다' 즉, '입 냄새가 난다'는 뜻입니다. 정말 입 냄새가 나는 사람을 마주하고 있더라도 이런 말을 건네기는 조금 조심스럽지요.

You look prettier in person.

RANK 487

실물이 더 예쁘네요.

'in person'은 '직접 만나보니'라는 뉘앙스가 함유돼있습니다. 즉, 이 표현은 실물이 더 낫다는 소리죠.

It is on the back of my mind.

RANK 488

그게 머릿속에 맴돌고 있어.

'be on the back of one's mind'라는 표현은 '~이 계속 머릿속에서 맴돈다'라는 뜻의 숙어적인 표현입니다.

RANK 489

RANK 490

RANK 491

RANK 492

You've got a nerve.

RANK 489

너 참 뻔뻔스럽다.

'뻔뻔하다'는 말을 'get a nerve'라고 씁니다. 'nerve'에도 '용기'라는 뜻과 함께 '뻔뻔스러움'이라는 뜻도 있답니다. 간단하게 'You got the nerve'라고 쓰기도 합니다.

He lost his cool.

RANK 490

그는 냉정함을 잃었어.

화가 났다는 것을 조금 우회적으로 돌려 말하는 표현입니다. 평소에 침착하고 냉정하던 사람이 한번 화가 나면 정말 무섭게 화를 내더라고요.

Are you playing with me?

RANK 491

나한테 장난치는 거야?

'play with someone'은 '~와 놀다'라는 의미일 수도 있지만 '~에게 농담하며 놀다' 즉, '농담하다'라는 뜻으로도 쓰입니다. 만약, 질문이 아니라 '농담이야, 그냥 장난친 거야'라는 대답을 하고 싶다면 이렇게 말합니다. "Kidding, I'm just playing with you."

Don't go behind my back.

RANK 492

뒤통수 치지 마.

친한 친구에게 뒤통수를 맞아 본 적 있으세요? 뒤통수를 치려면 일단은 등 뒤로 돌아가야 할 텐데, 그것마저도 하지 말라는 뜻의 표현이니 뉘앙스를 조금 더 살려 의역하자면 이렇게 할 수 있을 것 같네요. "뒤통수를 칠 생각이라면, 꿈도 꾸지 마."

RANK
493

RANK
494

RANK
495

RANK
496

I need to make a living.
RANK 493

난 생계유지를 위해 돈을 벌어야 해.

'make(=earn) a living'은 '생계를 꾸리다'라는 뜻의 표현입니다.

I was out of breath.
RANK 494

나는 숨이 찼어.

힘차게 달리기를 하고 나면 숨이 턱까지 차오르지요. 숨이 차다는 표현을 이렇게 씁니다. 'catch one's breath'는 '숨을 고르다'라는 뜻이에요.

I'll throw a party.
RANK 495

나 파티를 열 거야.

보통 '파티를 열다'를 'hold(=throw) a party' 등으로 배우지만, 실생활에서는 'throw a party'라는 표현을 압도적으로 많이 씁니다.

It's out of your league.
RANK 496

그건 네 능력 밖이야.

'네 수준과는 맞지 않아' 즉, '네 수준이 그것에 비해 낮으니 그만둬라'라는 뜻의 표현입니다. '~의 능력 밖인'이라는 뜻을 가진 또다른 표현으로는 'beyond one's ability'가 있어요.

RANK
497

RANK
498

RANK
499

RANK
500

I got this on sale.

RANK 497

세일해서 이걸 샀어.

'on sale'은 '할인 중'이라는 뜻이고, 'for sale'은 '판매 중'이라는 뜻입니다. 헷갈리지 않도록 주의합시다.

It's a tough call.

RANK 498

=It's a tough decision (to make).

힘든 결정이야.

야구에서 심판이 볼이냐, 스트라이크냐를 판정하는 것을 'call'이라고 합니다. 'touch call'은 여기서 유래한 표현으로 '선택하기 어려운 힘든 결정'을 뜻합니다.

I can handle it.

RANK 499

내가 처리할게.

자동차의 운전대를 흔히 '핸들'이라고 하는데요, 이는 콩글리시입니다. 그것의 정식 명칭은 'steering wheel'이고, 'handle'은 명사로 쓰일 때 '손잡이'라는 뜻이 있지요. 동사로 쓰일 때는 이 표현에서처럼 '다루다'라는 의미를 가지고 있고요. 'I can deal with it'이라는 비슷한 표현이 있어요.

I ran into him.

RANK 500

그를 우연히 만났어.

'run into someone'이라는 표현 대신 'come across someone'이라는 표현을 쓸 수도 있어요. 같은 의미인 'meet someone by chance'를 쓸 수도 있고요.

RANK
501

옛날 생각을 해 봐.

RANK
502

하든지 말든지 선택해.

RANK
503

네가 화를 자초하는구나.

RANK
504

길 좀 비켜주세요.

Look back on the past.

RANK 501

옛날 생각을 해 봐.

'look back on the past'는 '과거를 돌이켜보다'라는 뜻이에요. 보통 'Looking back on the past…(과거를 돌이켜보니)'라면서 문장을 이어갑니다.

Take it or leave it.

RANK 502

하든지 말든지 선택해.

어떤 결정을 앞두고 망설이고 있는 상대방에게 해 줄 수 있는 말입니다. 조금 응용을 하자면, 반찬 투정을 하는 아이에게 이런 표현을 쓸 수도 있을 것 같네요. "먹든지 말든지 마음대로 해!"

You're heading for trouble.

RANK 503

네가 화를 자초하는구나.

직역하면 '넌 문젯거리를 향해 가고 있는 거야'라는 뜻이네요. 여기서 'head for'는 '~을 향하다'라는 뜻이에요.

Clear the way.

RANK 504

길 좀 비켜주세요.

앞이 잘 보이지 않을 정도로 커다란 짐을 들고 길을 가는 중이라면 꼭 이렇게 외치도록 하세요. 비슷한 표현으로는 'Make a way'가 있어요. (무거운 것 등을 들면서) 길을 비켜달라고 말할 때 쓰는 표현이죠.

RANK
505

RANK
506

RANK
507

RANK
508

I hold all the cards.

RANK 505

내가 완전히 유리해.

카드 게임을 할 때 상대방보다 많은 패를 들고 있다면 당연히 더 유리하겠죠. 심지어 모든 카드를 내가 다 들고 있다면, 더 말할 필요도 없습니다. 이처럼 상황을 완전히 장악하고 있을 때 쓰는 표현입니다.

Our team is leading by two points.

RANK 506

우리 팀이 2점 차로 이기고 있어.

'lead'는 '(경기 등에서) 앞서다'라는 뜻이에요. 'by' 다음에 점수 등이 오면 '~의 점수 차로' 라는 뜻입니다. 전치사 'by'를 쓴다는 걸 알아두세요.

I've seen everything.

RANK 507

살다 보니 별꼴을 다 보겠네.

직역하면 '모든 것을 다 보았다'라는 뜻이네요. 코끼리가 스타벅스에 와서 커피를 주문하는 것을 본다면, 그만하면 세상에 진귀한 구경은 다 해보았다고 어디 가서 이야기해도 과장이 아니겠지요. 주로 누군가 평소에 하지 않던 좋은 행동을 할 때 쓰는 표현입니다.

My conscience is killing me.

RANK 508

양심 찔려 죽겠다.

'conscience'는 '양심'이라는 뜻의 단어입니다. 여기서 'kill'은 '죽이다'라는 뜻만 있는 게 아니라 이렇게 '(죽을 정도로) 괴롭게 하다'라는 뜻도 가지고 있습니다. 응용하면 이렇게 쓸 수도 있습니다. "My legs are killing me.(다리 아파 죽겠네.)"

RANK
509

RANK
510

RANK
511

RANK
512

I must be doing something wrong.

RANK 509

내가 뭔가를 잘못하고 있는 게 틀림없어.

양심이 심장을 콕콕 찔러댄다면, 당신의 뇌는 바로 이렇게 생각하게 될 겁니다. “뭔가 잘못된 일을 하고 있는 것이 틀림없어!” 이 표현에서 ‘must’는 강한 추측의 뜻으로 쓰이고 있습니다.

Did you just give me the finger?

RANK 510

너 방금 나한테 욕한 거야?

‘손가락을 주었다?’ 무슨 의미일까요. 아마 짐작이 가실 겁니다. 주먹을 쥔 채 가운뎃손가락만을 내미는 욕 있잖아요.

Do I look that stupid?

RANK 511

내가 만만해 보이니?

‘내가 그렇게 어리석어 보이니’ 즉, ‘그렇게 만만해 보이니’라는 뜻입니다. ‘that’ 다음에 형용사가 와서 ‘그렇게 (형용사)한’이라는 의미로 쓰입니다.

Money can't buy everything.

RANK 512

돈으로 다 되는 건 아니야.

재벌 2세가 나오는 드라마에 대사로 나올 법한 표현이네요. “돈으로 모든 걸 다 살 수는 없어! 내 사랑은 살 수 없을걸!” 반대로 ‘돈이면 뭐든지 다 해결할 수 있다’는 표현은 ‘money talks’라고 하면 됩니다.

RANK
513

RANK
514

RANK
515

RANK
516

Money talks.

RANK **513**

돈만 있으면 다 돼.

바로 앞에서 배웠던 표현, 'money can't buy'에 반대되는 의미가 있는 표현입니다. '돈이 말한다' 즉, '돈으로는 뭐든지 다 된다'는 뜻입니다.

Don't make eye contact with him.

RANK **514**

그와 눈을 마주치지 마.

'make eye contact with someone'은 '~와 아이컨택트를 하다' 즉, '눈을 마주치다'라는 뜻입니다.

He never says no to anything.

RANK **515**

그는 절대 거절하지 않아.

어떤 부탁도 'no'라고 대답하지 않고 'yes'라고만 대답하는 사람을 보고 '예스맨'이라고들 하지요. 여기서 중요한 건 '어떤 제안 따위 등에 대하여'라는 뜻의 전치사로 'to'를 쓴다는 거예요. 꼭 알아 두세요. 응용하면 이런 식으로 쓸 수 있어요. "He said yes to my proposal.(그는 내 제안에 오케이했어.)"

I'd like to take tomorrow off.

RANK **516**

=I'd like to take a day off tomorrow.

내일 휴가를 쓰고 싶어요.

'take a day off'는 '어느어느 날을 쉰다'는 뜻입니다. '쉬는 날'은 'day(s) off'라고 합니다.

RANK 517

RANK 518

RANK 519

RANK 520

You'll get the hang of it.

RANK 517

요령이 생길 거야.

사전에는 잘 나와 있지 않지만 'hang'이 명사로 쓰일 때도 있습니다. 그럴 때는 '요령'을 뜻하지요. 'get the hang of'는 '무엇을 잘하게 되다'는 뜻의 표현입니다.

Am I missing something here?

RANK 518

내가 놓친 내용이 있어?

계속해서 무엇인가를 빼먹고 말하고 있는 것 같을 때, 그리고 도대체 무엇을 깜빡한 것인지 떠오르지 않을 때 쓸 수 있는 표현입니다. 여기서 'miss'는 '놓치다'라는 뜻이에요.

I've never seen anything like this.

RANK 519

=What the hell is this?

이런 건 처음 봤어.

이와 같은 어떤 것도 본 적이 없다는 소리죠. 새로운 것을 보았을 때 놀라면서 쓸 수 있는 표현입니다.

You always get your own way.

RANK 520

너는 항상 네 마음대로 해.

'get one's own way'는 '바라던 것을 얻다, 마음대로 하다'라는 뜻의 숙어적인 표현입니다.

RANK
521

RANK
522

RANK
523

RANK
524

I have every reason to be angry.

RANK 521

나는 화낼 만한 충분한 이유가 있어.

'have every reason to do'는 '~할 모든 이유가 있다' 즉, '그럴 이유가 충분하다'라는 의미로 쓰는 표현입니다.

He didn't get it right.

RANK 522

그걸 제대로 하지 못했어.

'제대로 해, 똑바로 해'라는 표현을 영어로 'do it right'라고 합니다. 여기서는 '그것을 제대로 하지 않았다'라는 의미죠.

I want for nothing.

RANK 523

부족한 게 없어. (아쉬운 게 없어.)

모든 것이 다 갖추어져 있다면 더는 원하는 것도 없게 되겠지요. 아무런 부족함이 없이 모든 걸 가지고 있을 때 쓸 수 있는 숙어 표현입니다.

I'll teach him a lesson.

RANK 524

그의 버릇을 고쳐 놓을게.

'lesson'은 단순히 '수업'이라는 뜻 말고 '(특히 불쾌한 경험을 통해 얻게 되는) 교훈' 등의 의미로도 이런 식으로 응용해서 쓸 수 있어요. "I learned a lesson from it.(그걸로 교훈을 얻었어.)"

RANK 525

RANK 526

RANK 527

RANK 528

I locked myself out.

RANK 525

열쇠를 두고 나와서 못 들어가요.

열쇠를 방 안이나 자동차 안에 둔 채 문을 잠그고 닫아버린다면, 그야말로 '자신을 밖에 가두는' 꼴이지요. 즉, 열쇠를 두고 나왔다는 소리입니다.

He always gets in the way.

RANK 526

그는 항상 방해가 돼.

'get in the way'는 '방해되다'는 뜻이지요. '당신이 뭔가 하려고 하는데 내가 방해가 되고 있나요?'라는 의미로 'Am I in your way?'라고 쓸 수도 있습니다.

I have to call in sick.

RANK 527

아파서 결근해야겠어.

여기서 'call in sick'는 '아파서 전화로 결근하겠다고 알린다'는 뜻의 숙어입니다.

He gets away with cheating.

RANK 528

그는 커닝하고 걸리지 않았어.

실생활에서 굉장히 자주 쓰이는 표현입니다. 'get away with'는 '~을 하고도 그에 대해 처벌받지 않고 잘 넘어가다'라는 뜻의 표현입니다. 이런 식으로 응용해서 쓸 수 있죠. "You think you'll never get away with this?(네가 이러고도 무사히 넘어갈 줄 알았어?)"

RANK 529

RANK 530

Last but not least.

RANK 529

끝으로 중요한 말씀을 더 드리자면.

'마지막이지만 그렇다고 가장 덜한 건 아니다'라는 뜻이죠. 즉, 마지막이지만 역시 중요한 무언가를 끝으로 말할 때 쓰는 표현입니다.

I am behind in my work.

RANK 530

=I have a long way to go.

=I got a lot of things to do.

일이 밀려있어.

'behind in one's work'는 '~의 일이 밀리다'라는 뜻의 표현입니다. 'behind schedule'이라고 하면, '예정보다 늦은'이라는 뜻이 되죠.